D1749735

sinforiano de mendieta

SPANIEN
JAHRE DES WANDELS 1980–1997

Herausgeber: Verlag Finanz und Wirtschaft AG
Satz, Gestaltung und Druck: Neue Druckerei Speck AG, Zug
Gedruckt in der Schweiz im Oktober 1997
Verlag Finanz und Wirtschaft AG, Zürich
ISBN 3-906084-34-5

Inhaltsverzeichnis

Vorwort 5
Die Wirtschaft als Herausforderung (19. April 1980) 7
Austerity-Programm der neuen Regierung (24. September 1980) . 9
Die Regierung will Kernenergie (6. Mai 1981) 12
Vom Inflationsfieber geschüttelt (17. Juni 1981) 14
Wird die Peseta abgewertet? (17. Oktober 1981) 18
Steht der Wirtschaftsaufschwung bevor? (6. Januar 1982) 20
Die Angst vor 1984 (7. August 1982) 22
Auf dem Weg ins Verderben? (23. Oktober 1982) 24
Die Sozialisten übernehmen ein schweres Erbe (1. Dezember 1982) 26
Eine konsequente Massnahme (8. Dezember 1982) 28
Rumasa – eine offene Wunde (2. März 1983) 29
Die Wende steht erst noch bevor (30. November 1983) 31
Ein heisses Eisen für González (24. März 1984) 33
Ein Volk von Kellnern und Fremdenführern? (8. August 1984) . . 35
Hochstimmung in Madrid (17. Oktober 1984) 37
Positive Zwischenbilanz (27. Oktober 1984) 38
Zwischen EG und Nato (23. Februar 1985) 39
Bittersüsser Nachgeschmack (3. April 1985) 41
Seat-Übernahme – harte Konditionen (8. Juni 1985) 43
Unter Erfolgszwang (10. Juli 1985) 45
Klares Votum für González (25. Juni 1986) 47
War der Eintrittspreis zu hoch? (5. November 1986) 49
Baskisches Labyrinth (6. Dezember 1986) 51
Die Investitionen in Spanien werden zunehmen (11. Februar 1987) 53
Trotz allem González (6. Juni 1987) 57
Solchaga im Dilemma (21. Oktober 1987) 59
Ein Kampf ums Überleben (27. Januar 1988) 61
González als EG-Galionsfigur (19. Oktober 1988) 63
Denkzettel für González (17. Dezember 1988) 65
Peseta – quo vadis? (28. Januar 1989) 67
Spanien in Aufbruchstimmung (8. April 1989) 69
Sozialismus for ever? (24. Juni 1989) 74
Der Felipismus oder die ausgebliebene Reform (2. September 1989) 76

Felipes letzte Schlacht? (28. Oktober 1989) 79
Die Regierung in der Zwickmühle (31. März 1990) 81
Vor einem heissen Herbst (26. September 1990) 83
Glanzloser Abgang von Vizepremier Guerra (19. Januar 1991) . . 85
Sozialisten greifen nach wirtschaftlicher Macht (11. Mai 1991) . . 87
Ein weiter Weg nach Europa (22. Mai 1991) 89
Spaniens Budgetpolitik – ein Trauerspiel (23. November 1991) . . 93
Katzenjammer (4. Dezember 1991) 95
Schwärzer als Kohle (18. Januar 1992) 97
1992 – Ein Impulsjahr? (30. Mai 1992) 99
Spanien und die Realität (8. August 1992) 102
Spanien bläst zum Rückzug (28. November 1992) 104
Zeit der Dürre (27. Januar 1993) 106
Führungslos? (6. März 1993) 108
Ein König für die Demokratie (14. April 1993) 110
Glaubwürdige Alternative (29. Mai 1993) 112
Eine Zukunft im EWS? (5. Juni 1993) 114
Wandel und Beharren (9. Juni 1993) 116
Wann wird endlich regiert? (17. Juli 1993) 120
Sisyphus González (20. Oktober 1993) 122
Spanien am Ende einer Ära (18. Dezember 1993) 124
Der Fall Banesto (5. Januar 1994) 128
Zeit für eine Wende (19. März 1994) 130
Letzte Runde von González? (4. Juni 1994) 132
Spanische Prosperitätsfassade (10. August 1994) 134
Was für ein Staat? (19. Oktober 1994) 139
Wucherndes Geschwür (7. Dezember 1994) 141
Die spanische Frage (4. März 1995) 143
Aznar tritt aus dem Schatten von González (31. Mai 1995) 147
Trügerische Sommerruhe (19. August 1995) 149
Die Opposition in Nöten (8. November 1995) 151
Vor der konservativen Wende (28. Februar 1996) 153
Ein blasser Sieg (6. März 1996) 155
Aznar erhält eine Chance (1. Mai 1996) 157
Vertrauen in die Regierung Aznar (8. Feburar 1997) 159
Kampf um Medieneinfluss (26. Februar 1997) 161
Aznar bleibt auf Kurs (14. Mai 1997) 163
Politik und Volk (4. September 1997) 165

Vorwort

Das Iberienland Spanien bildete im Erfahrungshorizont vieler Mitteleuropäer lange keinen Attraktionspunkt mehr. Die periphere Lage des Landes an der Südwestflanke Europas, vor allem aber die isolationistischen Tendenzen während der Franco-Zeit wirkten als Barrieren, die dem Verständnis für dieses Land entgegenwirkten. Spanien – eines der (kultur)geschichtlich bedeutsamsten Länder im Werden Europas – war vielen Europäern fremd geworden.

Die Wiederannäherung an das übrige Europa spielt sich mit dem Übergang Spaniens von der Diktatur zur Demokratie ab. Dieses sich Wiederfinden weckt dies- und jenseits der Pyrenäen Begeisterung. Beispielhaft für die Suche nach dem Verbindenden stehen die Leitartikel, Kommentare und Berichte, die Sinforiano de Mendieta in den vergangenen siebzehn Jahren veröffentlicht hat. In zwei Kulturkreisen – dem hispanischen und dem deutschen – zu Hause, ist Sinforiano de Mendieta wie nur wenige Beobachter befähigt, zu diesem paneuropäischen Verständigungswerk über die Sprachgrenzen hinweg beizutragen.

Rückblickend erfüllt es mich als Chefredaktor von «Finanz und Wirtschaft» mit besonderer Genugtuung, dass unsere Zeitung der wirtschaftlichen Bedeutung Spaniens früh die gebührende Beachtung geschenkt hat. Der kritische Journalist Sinforiano de Mendieta hat immer an sein Heimatland geglaubt und gehofft, dass es an vorderster Front am europäischen Einigungsprozess teilhaben könne. Solchen Optimismus mögen andere Beobachter als Übertreibung gewertet haben. Die vergangenen zwei, drei Jahre haben indes diese Zuversicht bestätigt.

Die in diesem Band vereinigten Artikel – es handelt sich dabei um eine Auswahl der Texte, die Sinforiano de Mendieta für uns geschrieben hat – dokumentieren den bereits langen Weg, den die junge Demokratie seit dem Ende der siebziger Jahre durchschritten hat. Sinforiano de Mendieta hat dabei jede wichtige Etappe auf diesem Pfad ausgeleuchtet und kommentiert. Angesprochen sind unter anderem der Beitritt zur Europäischen Gemeinschaft oder die vielen Restrukturierungsbemühungen in Spaniens Industrie- und Bankensektor. Immer wieder zeichnet Sinforiano de Mendieta auch die Veränderungen in der politischen Landschaft des Landes nach. Verständlich ist dabei, dass er die lange Zeit dominierende Persönlichkeit von Felipe González häufig ins Rampenlicht rückt. González fasziniert die junge und jüngere Generation der politisch Interessierten, und Sinforiano de Mendieta kann und will sich dieses Charismas nicht entziehen. Der Sozialistenchef verkörpert für viele den Aufbruch in die Moderne, in eine politische Kultur, welche die Schatten der Vergangenheit vergessen machen soll.

In diesem Sinne will Sinforiano de Mendieta an die Wende für eine bessere Zukunft glauben. Häufig kommt in seinen Texten Genugtuung zum Ausdruck, wenn die junge Demokratie ein Wegstück gefestigt hinter sich lässt. Aber nach und nach mehren sich auch Zweifel, wohin González sein Land führen werde – zumal die bürgerlichen Parteien lange nicht in der Lage sind, dem zunehmenden Machtanspruch der Sozialisten mit einer konstruktiven und konsequenten Oppositionspolitik zu begegnen. Das lange nur unvollkommene Funktionieren der politischen Kräfte macht Sinforiano de Mendieta gelegentlich zum Zweifler: Wie lange wird es wohl dauern, bis Spanien seinen Rückstand gegenüber den Musterdemokratien Westeuropas wettgemacht hat – diese Frage lässt sich mal um mal aus den vorliegenden Texten herauslesen.

Nach langem Warten findet sich auch eine Antwort: Die bürgerlichen Kräfte Spaniens lösen sich endlich aus ihrer Lethargie und schaffen 1996 die politische Wende. Dieses Ereignis an sich ist für Sinforiano de Mendieta kein Grund zum Jubeln. Aber den zutiefst überzeugten Demokraten muss es freuen, dass die Machtansprüche einer dominanten Partei mit der Zeit zerrieben werden. Ganz in diesem Sinne endet der vorliegende Band auch in einem zuversichtlichen Ton, zumal das Wirken des neuen Regierungschefs José María Aznar – bislang – gute Noten verdient.

Es ist mir ein grosses Anliegen, Sinforiano für die langjährige Zusammenarbeit Dank und Anerkennung auszusprechen. Ich wünsche mir, dass dieses gemeinsame Wirken in die nähere und weitere Zukunft hinaus Bestand haben wird.

Peter Bohnenblust,
Chefredaktor «Finanz und Wirtschaft»

Die Wirtschaft als Herausforderung

(Artikel vom 19. April 1980)

Der spanische Philosoph und Liberale Salvador de Madariaga sagte einmal, die Wirtschaft sei eine sehr langweilige Fiktion. In Spanien scheint alles, was mit der Wirtschaft zu tun hat, nicht nur eine Fiktion oder gar eine Science-fiction zu sein. Sie war in letzter Zeit offenbar geeignet, eigentliche Alpträume auszulösen. Dies geht auch aus einer dieser Tage veröffentlichten Studie hervor, die von einer Expertengruppe um den ehemaligen Wirtschaftsminister Fuentes Quintana erarbeitet wurde. Die sehr ausführliche und nichts verheimlichende Arbeit trägt den bezeichnenden Titel «Notsituation». Nur wenige Tage später hat die spanische Bankiervereinigung ebenfalls eine Studie zur Wirtschaftslage vorgelegt, und diese ist noch einiges pessimistischer.

Beide Studien versuchen, die wichtigsten Rahmenbedingungen der spanischen Wirtschaft zu definieren und Prioritäten zu setzen für die Wirtschaftspolitik der 80er Jahre; ein entsprechendes Konzept fehlte bislang gänzlich. Die Experten gehen davon aus, dass Spanien seit 1973 ärmer wird: Bis Ende 1979 haben sich die Terms of trade gegenüber 1973 um rund 20% verschlechtert. Und das laufende Jahr hat mit einem schlechten Omen begonnen, erhöhte sich doch der Rohölpreis gegenüber dem Vorjahr um 50% auf 27.50 $ pro Barrel. Alle Prognosen sprechen dafür, dass das dritte Quartal bezüglich Rohölpreis-Verhandlungen viel Konfliktstoff bringen wird. So wird die wichtigste Komponente der Importpreise – das Rohöl – die Handelsbilanz stark belasten, weil die Importe wesentlich teurer bezahlt werden müssen. Für 1980 ist mit einer Zunahme der Importpreise von 28% zu rechnen, während die Exportpreise bestenfalls um 11% zulegen dürften. Das hat zur Folge, dass Spanien Ende 1980 – immer verglichen mit 1973 – relativ um rund 30% ärmer sein wird. Auch wird es im laufenden Jahr nicht möglich sein, die Exporte zu steigern, weil der Weltmarkt nicht die gleiche Aufnahmefähigkeit haben wird wie 1979. Besonders gravierend auf die Wettbewerbsfähigkeit der spanischen Exportwirtschaft wirken sich Faktoren wie Inflation und die wachsende soziale Unrast im Inland aus. Bereits wird das Handelsbilanzdefizit in einer Bandbreite von umgerechnet 2,5 Mrd. bis 3,5 Mrd. $ veranschlagt.

Konjunkturforscher rechnen mit einem Wachstum von 0 bis 1,5%. Die Regierung gibt sich dagegen betont zuversichtlich. Sie glaubt an ein Wachstum, das um ein bis zwei Prozentpunkte über dem Durchschnitt der OECD-Länder liegt. Immerhin scheinen die Behörden eingesehen zu haben, dass die Inflation Hauptursache der galoppierenden Arbeitslosigkeit ist. Entsprechende wirtschaftspolitische Prioritäten sind definiert worden, die aber bis heute keine sichtbaren Erfolge zeitigen. Seit 1975 registriert Spanien eine konstante Abnahme der arbeitenden Bevölkerung. 1980 wird die Arbeitslosigkeit voraussichtlich 12,4% erreichen. Das Phänomen der Arbeitslosigkeit wird immer komplexer und undurchschaubarer.

Die spanische Wirtschaft befindet sich in einer Situation des Notstands. Bleibt zu hoffen, dass die Regierung mit geeigneten Massnahmen eine Wende herbeiführen kann. Das offizielle Madrid ist sich bewusst geworden, dass die Wirtschaftsprobleme allzu lange vernachlässigt wurden und die entsprechenden Konsequenzen für die politische Entwicklung des Landes hoch sind. Die Behörden setzten viel zu lange auf einen raschen EG-Beitritt, womit sie sich die Lösung einer Vielzahl von Problemen erhofften. So ist in dieser Notsituation zu hoffen, dass die Tat auf die Stunde der Ernüchterung folgt.

Nicht zu vergessen ist bei der Betrachtung – wenn Spanien als vollwertige Demokratie akzeptiert werden soll –, dass spanische Probleme zunehmend auch europäische Probleme sind. Ein schwaches, verarmtes und kränkelndes Spanien kann für die Gemeinschaft Europas nicht von Nutzen sein. Es wäre vielmehr eine latente Gefahr auf dem Weg zur europäischen Einheit.

Austerity-Programm der neuen Regierung

(Artikel vom 24. September 1980)

Am Dienstag vergangener Woche ist mit der Bekanntgabe des neuen Regierungskabinetts den Gerüchten um die einzuschlagende Wirtschaftspolitik vorläufig ein Ende gesetzt worden. Wichtigste Änderungen dieser Regierungsumbildung sind der Abgang des umstrittenen und hart kritisierten Vizepremiers für Wirtschaft, Fernando Abril, sowie die Rückkehr einiger früherer Minister aus der regierenden Partei UCD in die Exekutive. Damit hat Regierungspräsident Adolfo Suárez der wachsenden Kritik aus den eigenen Reihen einen Riegel vorgeschoben. Neuer Vizepremier für Wirtschaftsfragen wurde Leopoldo Calvo Sotelo, der frühere Minister für EG-Fragen, der als harter Unterhändler gilt. Entgegen den Empfehlungen der OECD will die neue Regierung den Wirtschaftsplan von Professor Fuentes Quintana und Luis Angel Rojo, Generaldirektor des Banco de España, vollumfänglich anwenden.

Kontinuierliches Wachstum

Das Programm verlangt eine rigorose und harte Wirtschaftspolitik, wenigstens kurzfristig, um die notwendige Anpassung der spanischen Wirtschaft an das gegebene Umfeld zu erreichen. Danach sieht das Programm ein ambitiöseres Wachstum vor, das bis 1983 rund 5% erreichen soll. Verfechter dieser Politik betonen, dass eine schnelle Aktivierung der Wirtschaft in wenigen Monaten zu einer Katastrophe führen müsste. Die Regierung strebt demnach eine nachhaltige und gesunde Wachstumsbelebung an. Im laufenden Jahr dürfte die volkswirtschaftliche Leistung per saldo erstmals seit vielen Jahren schrumpfen. Die Behörden erhoffen sich erst für die zweite Hälfte 1981 eine Wende. Spätestens dann nämlich, so rechnen die Wirtschaftsexperten, wird sich die Arbeitslosigkeit tendenziell zurückbilden.

Die für das Wirtschaftsprogramm Verantwortlichen zielen nicht darauf ab, Arbeitslosigkeit mit Inflation zu tauschen. Man will die Inflation weiterhin bekämpfen und bis Ende 1980 auf 14,5% eindämmen. Bis 1983 soll dann die Teuerung unter die Marke von 10% gedrückt werden. Gleichzeitig sollen in den nächsten drei Jahren 600 000 neue Arbeitsplätze geschaffen werden. Auf welchem Weg das geschehen kann, ist keineswegs klar. Realität ist indes, dass die Regierung dem Problem der Arbeitslosigkeit grösste Beachtung schenken muss. Wenn an dieser Front keine Erfolge erzielt werden, zählt Spanien Ende 1983 zwischen 2,2 bis 2,5 Mio. Arbeitslose – was etwa 19% der aktiven Bevölkerung ausmachen würde.

Um eine solch dramatische Entwicklung zu vermeiden, will die Regierung einige Bemühungen unternehmen. Die produktiven Investitionen sollen durch vermehrte Anstrengungen der öffentlichen Hand und der Privatwirtschaft gesteigert werden. Der Staat soll drastisch die öffentlichen Ausgaben reduzieren und verfügbares Kapital investieren. Die Privatwirtschaft will der Staat mittels Finanzierungserleichterungen, mit adäquater Besteuerung und mit einer Verminderung der enormen Sozialversicherungsbeiträge unterstützen. Diese Massnahmen hätten einen direkten Einfluss auf die Arbeitsmarktlage und würden den Betrieben grössere Flexibilität in der Einstellung von qualifiziertem Personal ermöglichen. Alles in allem bedeutet das eine Annäherung an die Verhältnisse im EG-Raum. Die Regierung will im weiteren nicht mehr ad infinitum kranke Firmen subventionieren, um Arbeitsplätze zu erhalten. Kurzfristig wird also die Arbeitslosigkeit als Resultat dieser wirtschaftspolitischen Neubesinnung anschwellen. Wie diese Wirtschaftspostulate in der Praxis verwirklicht werden, ist noch nicht sehr klar. Kurz- und mittelfristig ist jedoch nicht mit einer merklichen Besserung zu rechnen. Der Plan zielt auf langfristige Lösungen ab, deren Verwirklichung von vielen Faktoren abhängt, nicht zuletzt auch von neu auszuarbeitenden Strategien.

Durch die gesteigerte Investitionstätigkeit sollen drei Ziele verfolgt werden. Auf der einen Seite will die Regierung neue zukunftsträchtige Wirtschaftsbereiche fördern. An zweiter Stelle möchte sie die Investitionen im Energiebereich fördern und die Erforschung von Alternativlösungen intensivieren. Nebenbei soll auch der Energiekonsum spürbar reduziert werden. Schliesslich will die Regierung den Wohnbau beleben, auch wenn entsprechende Vorhaben kostspielig sein dürften.

Im Finanzbereich soll die eingeschlagene liberale Politik fortgeführt werden. Die Regierung will in einer noch nicht definierten Zeitspanne die Zinssätze freigeben. Nicht zuletzt soll auch der Konkurrenz durch ausländische Banken ein grösserer Spielraum zugestanden werden. In der Aussenwirtschaftspolitik bleibt die Annäherung an die Europäische Gemeinschaft das wichtigste Ziel.

Unterschiedliche Reaktionen

Die Reaktionen auf dieses Wirtschaftsprogramm der fünften Regierung Suárez sind sehr unterschiedlich. Es ist sicherlich noch zu früh für eine umfassende Beurteilung, denn viele Aspekte des ehrgeizigen Plans müssen noch präzisiert werden. Bemerkenswert ist, dass die OECD und der spanische Arbeitgeberverband schon bei Bekanntgabe der Thesen von Professor Fuentes Quintana einige Bedenken geäussert haben. Die Arbeitgeber haben dem Plan von Fuentes Quintana den Krieg angesagt. Sie machen ihn schlicht für die heutige Wirtschaftsmalaise verantwortlich.

Die Regierung will die Kernenergie

(Artikel vom 6. Mai 1981)

Die Energiepolitik der neuen spanischen Regierung hat in der Wirtschaftspolitik Spaniens einen zentralen Stellenwert erlangt. Die Versorgung des Landes mit Kernenergie ist eine beschlossene Sache. Man ist sich bewusst, dass es nur einen Weg gibt, um die beunruhigende Erdölabhängigkeit Spaniens zu verringern: Eine sofortige Beschleunigung des II. Nationalen Energieplans (PEN – Plan Energetico Nacional) sowie die Annäherung an die energiepolitischen Ziele der EG. In diesem Sinn äusserte sich der neue Ministerpräsident Leopoldo Calvo Sotelo, als er vor einigen Wochen das fertiggestellte Kernkraftwerk Almaraz I besuchte.

Almaraz I gehört zur zweiten Generation der spanischen Kernkraftwerke. Es wird in der Lage sein, schon dieses Jahr 5,5% des nationalen Elektrizitätsverbrauchs zu decken. Die wichtigsten Ziele des Nuklearprogramms sind in den letzten zwei Jahren durch heftigen politischen Widerstand der Opposition stark verzögert worden. So verringerte sich 1979 die Kernkraftproduktion um 13,6% gegenüber 1978 – eine Einbusse, die nur teilweise durch die grössere Produktion hydroelektrischer Energie wettgemacht werden konnte. Im Baskenland führte der gezielte Terror der Separatistenorganisation ETA Militar zu einer teilweisen Stillegung des Kernkraftwerks Lemóniz und so auch zu einer heftigen Meinungspolarisierung rund um das Thema Kernenergie.

Die wirtschaftliche Realität des Landes hat aber unmissverständlich gezeigt, dass sich Spanien keine weiteren Verzögerungen in diesem Bereich leisten kann. Deshalb ist die Verwirklichung des 11. Nationalen Energieprogramms, das einen starken Ausbau der Kernenergie vorsieht, Priorität in der Energiepolitik der spanischen Regierung. Voraussetzung für dieses kostspielige Programm ist aber nach Meinung der Regierung ein substantielles Wachstum des Bruttosozialprodukts von jährlich mindestens 3 bis 4% bis 1990 und von 2 bis 3% in den nächsten Jahren. Die betroffenen Autonomie-Regionen, speziell das Baskenland, haben grundsätzlich die Notwendigkeit des Nationalen Energieplans erkannt und bereits mit einem vorsichtigen Ja auf die Vorstellungen der Regierung geantwortet.

Die Ideen aller Beteiligten sind klar. Und klar sind auch die Rahmenbedingungen. Offen bleiben allerdings Fragen der Sicherheit in den drei funktionierenden Kernkraftzentralen sowie der Lagerung des radioaktiven

Abfalls. Die Regierung ihrerseits versichert, dass künftig alle Kernkraftwerke einmal im Quartal revidiert werden und eine permanente Informationsstelle errichtet wird, die über mögliche Unregelmässigkeiten berichten soll. Auch ist bereits eine Untersuchung im Gange, die sich mit dem Problem befasst, wie die radioaktiven Abfälle gelagert werden können. Dabei wird unterstrichen, dass Spanien nur Atommüll mit geringer Radioaktivität besitze.

Vom Inflationsfieber geschüttelt

(Artikel erschienen am 17. Juni 1981)

Aguirre Gonzalo, Präsident der Bankengruppe Banesto, äusserte sich vor einigen Tagen in zugespitzter Form über die Wirtschaftslage: «Wenn dies so weitergeht, dann gibt es in Spanien spätestens 1983 einen Wirtschaftskrach. Spanien steckt heute in einer gefährlicheren Wirtschaftskrise als vor 1936. Wir nähern uns der kritischen Situation von 1932 – nur, dass man 1932 in Spanien das Phänomen der Inflation fast nicht kannte.»

In der Tat stimmen sowohl OECD- wie IWF-Experten darin überein, dass die unmittelbaren Aussichten nicht gerade rosig sind: Das Wachstum der spanischen Wirtschaft ist in den ersten Monaten des Jahres 1981 schwach gewesen. Die Zahl der Arbeitslosen nähert sich der 1,5-Mio.-Grenze. Auch konnte die Wettbewerbsfähigkeit trotz der Abschwächung der Peseta nicht verbessert werden. Erstmals seit vielen Jahren bildeten sich 1980 die Nettoerträge aus dem Fremdenverkehr zurück. Diese Faktoren haben dazu beigetragen, dass das Defizit in der spanischen Ertragsbilanz im laufenden Jahr möglicherweise 6,5 Mrd. $ erreichen wird.

Inmitten dieser angespannten Wirtschaftslage versucht Spanien dennoch, die Inflation zu bekämpfen. Der Regierung ist es mittlerweile gelungen, die Inflation ein wenig zu drosseln. 1980 betrug die Teuerungsrate noch 15,5%; für 1981 rechnet man nun mit 14%, sofern keine wichtigen makroökonomischen Veränderungen eintreten. Diese Entwicklung ist insofern bedeutsam, als Spanien bis anhin eine höhere Inflationsrate in Kauf nahm und damit der Diskussion rund um die Arbeitslosigkeit ein Stück weit das Wasser abgraben wollte. Von dieser Politik scheint man nun abzukommen. Die Regierung musste einsehen, dass Inflation keine Gewähr für Vollbeschäftigung bietet.

Das brisante Problem der Arbeitslosigkeit wird indes die Kursrichtung der Wirtschaftsmassnahmen vermehrt bestimmen. Mit einer möglichen Trendwende auf dem Arbeitsmarkt rechnet man erst für die zweite Hälfte des kommenden Jahres. Die überraschenden Erfolge in der Inflationsbekämpfung sind daher ein schwacher Trost für die spanischen Wirtschaftspolitiker. Gross ist daher die Gefahr, dass unter dem Druck externer und interner Schwierigkeiten die Anti-Inflationspolitik bald revidiert wird.

Kein richtiges Konzept

Die bisherige Politik der Regierung zeigt auch, dass sie noch kein richtiges Wirtschaftskonzept gefunden hat: Seit dem Ende der Franco-Ära vergingen zwei volle Jahre, bis die neue demokratische Regierung erste Wirtschaftsmassnahmen ergriff. Die Reform im Finanzbereich begann kurz vor Juli 1977 und versandete gleich darauf ohne plausible Erklärung. Dies hatte jedoch Auswirkungen auf die Neugestaltung einer monetären Politik, die bis heute noch nicht recht konzipiert ist. Die Finanzreform der sozialen Sicherheit geht – wenn überhaupt – nur langsam voran. Auch werden die Anpassungsprobleme der verschiedenen Produktionsbereiche weiterhin vernachlässigt. Das notwendige und für die Wiederankurbelung der Wirtschaft gedachte Wohnungsprogramm wird – mangels Koordination der Verantwortlichen – immer noch nicht vorangetrieben. Schliesslich ist das Problem des steigenden Defizits im Staatshaushalt Grund zur Besorgnis.

Diese Beispiele zeigen deutlich, wie schwer es den spanischen Wirtschaftspolitikern fällt, sich der Krise anzupassen. Gerechterweise muss hinzugefügt werden, dass viele dieser Massnahmen mitten in einem heiklen sozialen und politischen Umwandlungsprozess zur Diskussion gestellt wurden.

Inflation der Hoffnungen

Die meisten Spanier können indes der Inflation kaum gute Seiten abgewinnen. Vielleicht ist das deswegen so, weil die Regierungen in Spanien – mehr als anderswo – eine Inflation der Hoffnungen geweckt und eine Inflation des Geldes erzeugt haben. Paradox, aber verständlich ist deshalb das Verhalten der Familien, Unternehmungen und der öffentlichen Verwaltungen, nicht mehr zu sparen. Allen voran ist die öffentliche Hand mit ihrer grossen Verschuldung ein Hauptgrund der Wirtschaftskrise. Die Spanier, immer noch verwöhnt vom «unaufhörlichen» Wachstum der sechziger und der frühen siebziger Jahre, haben sich nach dem zweiten Erdölschock der verschlechterten Wirtschaftslage noch nicht angepasst. Sie sind konsumfreudiger denn je. Dies nicht zuletzt dank der von der Regierung bis anhin praktizierten Geldmengen-Ausweitung.

Der Verschuldungsgrad der meisten spanischen Familien ist bis zum Rande des Zumutbaren gestiegen. Noch nie wurde soviel auf Abzahlung gekauft. Charakteristisch war denn auch vor einigen Wochen der Kommentar einer Madrider Hausfrau, die zum Thema Inflation folgendes meinte: «Wir haben jetzt so viele Schulden, dass ich schon Angst habe, die Inflationsrate könnte sinken.» Der Durchschnittsspanier will heute – Krise hin oder her – seinen hart erkämpften Lebensstandard behalten, koste es, was es wolle.

Festzuhalten bleibt, dass es in Spanien – mehr als in anderen Ländern der OECD – zwei Arten von Inflation gibt: erstens diejenige Inflation, die eine logische Konsequenz der relativen Verarmung Spaniens ist. Diese wird bekanntlich durch die Rohölimporte verursacht, die Spanien im Ausland tätigen muss. Die Regierung wälzt etwaige Rohölpreis-Erhöhungen sofort auf die Inlandkonsumenten ab. Zweitens die hausgemachte Inflation, die durch das Verhalten der diversen Gruppen und Rentenempfänger, aber auch der Regierung begünstigt wird. Diese zweite Inflationsart ist die gefährlichste. Sie kann aber auch vermieden werden. Dazu müssen alle Gruppen gewillt sein, die Rechnung für die «unumgängliche» Inflation zu bezahlen.

Hohe Lohnforderungen

Leider ist der Wille zum Konsens zwischen Arbeitgebern und Arbeitnehmern gegenwärtig nicht besonders gross. Das inflationäre Denken und Verhalten sowohl der Unternehmer wie der Arbeitnehmerschaft hat die Oberhand. Ein Teil der Arbeitnehmerschaft glaubt noch immer, sie sei weiterhin im Recht, wenn sie, wie kurz nach dem Übergang zur Demokratie, verantwortungslose Lohnforderungen erhebt. Die massiven Lohnsteigerungen der letzten fünf Jahre haben die Inflation tüchtig angeheizt. Zudem bewirkte die Verbesserung des Reallohns eine zusätzliche Kostenlast in der Industrie – ausgerechnet in einer Zeit, da die Produktivität nur gering zunahm. Die grossen Schwierigkeiten vieler Unternehmer und deren Drohung, keine Investitionen mehr für neue Arbeitsplätze zu tätigen, haben wohl vergangenes Jahr die Gewerkschaften dazu veranlasst, ihre Forderungen etwas abzuschwächen.

Diesem Umstand verdankt die Regierung ihre Erfolge in der Inflationsbekämpfung. Beispielhaft war das Verhalten der Landwirtschaft, die ihre Preise 1980 einfror, was sich auf den Index der Konsumentenpreise sofort auswirkte. Nur auf diese Weise war die spektakuläre Reduktion der Inflation von über 25% im Jahr 1977 auf rund 15,5% 1980 möglich.

Sozialpakt notwendig

Die hausgemachte Inflation wird man nur eindämmen können, wenn Arbeitnehmer und Arbeitgeber willens sind, einen Teil der Lasten zu tragen. Sie dürfen ihre Preise respektive Löhne nur der effektiven Inflation anpassen. Das aber bedeutet nichts anderes, als dass sie einen Kaufkraft- bzw. Gewinnschwund hinnehmen müssten.

Für die nächsten zwei bis drei Jahre wird man sich auf zweistellige Inflationsraten einstellen müssen. Die Amtsinhaber der Moncloa werden bedauerlicherweise – um die Arbeitslosigkeit nicht weiter anschwellen zu lassen – noch lange kranke Grossfirmen subventionieren. Auch gibt es keine Anzeichen, die auf eine Eindämmung der verschwenderischen öffentlichen Verwaltung hindeuten. Die übereilte Fiskalreform, die eine bessere Einkommensbesteuerung zum Ziel hatte, ist vor dem Hintergrund einer merklichen Abnahme der aktiven Bevölkerung ebenfalls ins Hintertreffen geraten. Die angeschlagene Wettbewerbsfähigkeit wird sich durch weitere Abwertungen nicht verbessern lassen. Immerhin ist diese Abwertungsmentalität aus vergangenen Jahren zunehmend in Verruf geraten.

Die Peseta hat in den letzten Jahren einen beträchtlichen Kaufkraftverlust erlitten. Eben durch die jüngste massive Peseta-Abwertung gegenüber dem Dollar von rund 20% werden die Rohölimporte 1981 gegenüber 1980 um über 30% steigen. Schon jetzt muss Spanien rund 51% seiner Exporte für die Erdölrechnung aufbringen. Des weiteren ist in Spanien eine strukturelle Neuorientierung vonnöten. Die erfolgreiche Inflationsbekämpfung hängt stark von einer Stabilisierung auf dem Rohölmarkt und einer Preisstabilisierungspolitik der Regierung ab – welche ja noch nicht formuliert ist. Und letztlich basiert die weitere Entwicklung auf einem massvollen Verhalten aller Haushalte. Von der Regierung erwartet man die Voraussicht, dass sie Abkommen, welche die Auswirkungen der Energiekrise begrenzen, mit den Sozialpartnern schliesst. Alle diese Voraussetzungen auf einen gemeinsamen Nenner bringen zu wollen bezeichnete ein scharfsinniger Kommentator bereits als eine Allegorie der Selbstüberschätzung; er fügte zynisch hinzu: «Der Kampf gegen die Inflation in Spanien gleicht einer Operation, bei der man sich ständig narkotisiert, aber niemals schneidet.» Immerhin, der neueste Sozialpakt weckt Hoffnung auf eine Besserung.

Wird die Peseta abgewertet?

(Artikel vom 17. Oktober 1981)

Die Diskussion um eine sofortige Abwertung der Peseta (100 Ptas. entsprechen rund 2 Fr.) hat unter dem Eindruck der jüngsten Leitkurs-Anpassungen im Europäischen Währungssystem besondere Aktualität erlangt. Obwohl die Peseta in den letzten Monaten gegenüber dem Dollar rund 20% eingebüsst hat, sind sich sämtliche Beobachter einig, dass die Währungsverantwortlichen der spanischen Wirtschaft nicht weiterhelfen würden, wenn sie heute eine substantielle Abwertung der Peseta durchsetzten. Sowohl die spanische Nationalbank wie auch die Bankiervereinigung haben sich unmissverständlich gegen eine Abwertung ausgesprochen.

Handelsdefizit wächst nicht

Der Befund über die mögliche Entwicklung der Peseta lautet deshalb einstimmig: Eine Abwertung wird nicht stattfinden. Die offiziellen Argumentationen und diejenigen privater Kommentatoren verlaufen aber absolut entgegengesetzt. So argumentiert man von offizieller Seite, die Nichtabwertung der Peseta sei vor dem Hintergrund einer leichten Verbesserung in der diesjährigen Handelsbilanz und der im Vergleich zu anderen europäischen Ländern geringeren Inflationsrate verständlich. Ausserdem sei in den ersten Monaten des laufenden Jahres ein grösseres Engagement ausländischer Investoren beobachtet worden, was ein zunehmendes Vertrauen in die spanische Wirtschaft unter Beweis stelle.

Unterstrichen wird dabei auch, dass die Exporttätigkeit in den letzten zwei Monaten, vorwiegend im Lebensmittelsektor, verbessert wurde. Dabei sind in der Zeitspanne von Januar bis Ende Juli 1981 die Importe spürbar zurückgegangen. Diese Entwicklung lasse sich durch die Verlangsamung des Wirtschaftswachstums erklären, aber auch durch die hohen Erdölpreise, die zu einschneidenden Sparmassnahmen geführt hätten. Aus diesen Gründen dürfte das Handelsbilanzdefizit Ende dieses Jahres mit umgerechnet rund 5000 Mio. $ nicht viel höher ausfallen als im Jahr 1980.

Andere Kommentatoren sind nicht derart befriedigt über die Wirtschaftsentwicklung Spaniens und sehen die Abwertungsproblematik unter einem ganz anderen Blickwinkel: Die spanische Exportindustrie habe klar an Wettbewerbsfähigkeit verloren; entsprechend seien die Anteile spanischer Unternehmen auf internationalen Märkten zurückgegangen. Insofern würde die – nicht bestrittene – Verminderung der Importe die ebenfalls erwähnte Abnahme der spanischen Exporte nur ausgleichen.

Unübersehbar ist der starke administrative Protektionismus, der das spanische Produktionssystem charakterisiert. Die Verteidiger dieses für die künftige Entwicklung des Landes gefährlichen Protektionismus sind der Auffassung, dass die spanischen Produkte auf dem heutigen Kursniveau keine Chance gegenüber der internationalen Konkurrenz hätten. Sie stehen deshalb für eine rasche Abwertung der Peseta ein.

Und die Inflation?

Bedauerlicherweise wird aber gleichzeitig zugestanden, dass Spanien immer noch über keine Wirtschaftspolitik verfüge, die diesen Namen verdiene. Deshalb könne eine Abwertung der spanischen Währung kaum die erhofften Erfolge zeitigen. Vielmehr würde eine willkürliche und zum jetzigen Zeitpunkt bequeme Abwertung – da sie ja nicht von einer parallelen Korrektur des Preis/Lohn-Verhältnisses und einem Abbau des öffentlichen Schuldenbergs begleitet wäre – die Inflation stärker anheizen. Die Folgen davon sind allgemein bekannt: eine rasche Verteuerung der Importe. Die Exportindustrie würde dagegen nur kurzfristig profitieren, dabei aber die notwendigen Strukturanpassungen nicht durchsetzen und so in absehbarer Zeit erneut unter Druck geraten.

In letzter Konsequenz wäre danach mit einem Beschäftigungseinbruch zu rechnen. Die getroffene Übereinkunft ist somit verständlich: Vorläufig wird die Peseta nicht abgewertet – oder zumindest nicht in grösserem Ausmasse. Für viele Unternehmer bleibt jedoch die Frage bestehen: Wie lange hält sich wohl die Peseta auf dem heutigen – nicht realistischen – Kursniveau?

Steht der Wirtschaftsaufschwung bevor?

(Erschienen am 6. Januar 1982)

1982 soll sich der ersehnte Konjunkturaufschwung in Spanien endlich einstellen. Zu dieser Schlussfolgerung kommen gleichzeitig das spanische Wirtschaftsministerium und die Konjunkturforscher der OECD. So soll die spanische Wirtschaft im Verlaufe dieses Jahres eine Zuwachsrate von 2,5% erreichen. Auch wird mit einer weiteren Eindämmung der Inflation auf 12% und einer leichten Abnahme der Arbeitslosigkeit gerechnet. Einen Wirtschaftsaufschwung, der diesen Namen verdient, erwarten die Experten aber erst für Ende 1982.

Die Organisation für wirtschaftliche Zusammenarbeit und Entwicklung (OECD) gibt sich in ihrem neuesten «Economic outlook» eher optimistisch und stellt für das laufende Jahr eine bessere Prognose als für 1981. Insbesondere wird darauf hingewiesen, dass die Inlandnachfrage durch die kürzlich getroffenen Massnahmen der Regierung gewichtige Impulse erhalten werde. Die Nachfrage im Inland dürfte vor allem durch das ambitiöse Wohnungsbauprogramm der Regierung positiv beeinflusst werden, obwohl die Baubranche nach wie vor tief in der Krise steckt.

Ebenfalls eine entscheidende Rolle bei der Konsolidierung der wirtschaftlichen Ankurbelungsmassnahmen wird der letzten Herbst ins Leben gerufene Sozialpakt spielen. Dennoch bleibt die Situation an der Arbeitsfront prekär: Wunderrezepte, wie das Arbeitslosenheer von gegen 2 Mio. Arbeitswilligen verringert werden könnte, gibt es nicht. Die von der spanischen Regierung und den OECD-Experten an den Wirtschaftshorizont gemalten Silberstreifen sind vor diesem Hintergrund mit Vorsicht zu geniessen, und eben deshalb sitzt vielen Arbeitnehmern die Angst in den Knochen. Um die Unterbeschäftigung auf eine «Sockelarbeitslosigkeit» zu reduzieren, müsste die spanische Wirtschaft jährlich um 9 bis l0% wachsen, was momentan recht utopisch erscheint.

Grosse Sorgen bereitet den Behörden auch die stark wachsende Verschuldung der öffentlichen Hand, die sich dieses Jahr praktisch verdoppeln wird. Die öffentliche Hand tritt vermehrt als Zugpferd auf und tätigt grosse Investitionen, um die Wirtschaft zu stimulieren. Dabei verfolgten die Behörden letztes Jahr ein moderates und stabiles Geldmengenwachstum. Für 1982 wird eine ähnliche Entwicklung erwartet. 1982 dürfte die Regierung wiederum alles daransetzen, um die gesamtwirtschaftlichen Rahmenbedingungen nicht in einer die Privatwirtschaft hemmenden Weise zu verändern. Im Gegenteil, sie wird alles versuchen, um den privaten Sektor stärker und engagierter am Wirtschaftsleben teilhaben zu lassen. Dies kann schnell erreicht werden, wenn die Regierung in der Wirtschaftspolitik eine Linie verfolgt, welche die unternehmerische Ertragslage nicht weiter untergräbt. In diesem Sinne werden 1982 auch gesetzgeberische Massnahmen wie beispielsweise die Revision des Arbeitsrechts notwendig sein.

Die Angst vor 1984

(Kommentar vom 7. August 1982)

In letzter Zeit häufen sich in Spanien die Diskussionen um den für 1984 vorgesehenen Beitritt zur Europäischen Gemeinschaft. Spätestens der jüngste Besuch des französischen Präsidenten in Madrid hat den Spaniern aber klargemacht, dass mit einem raschen Anschluss an die Brüsseler Gemeinschaft nicht zu rechnen ist. Mitterrand liess in Madrid die Bombe platzen, als er lakonisch feststellte, dass eine Erweiterung der EG nur nach einer gründlichen Revidierung der Kostenfrage möglich sei. Damit unterstrich Mitterrand Frankreichs Skepsis gegenüber der mediterranen Erweiterung der Zehnergemeinschaft.

Unlängst erklärte der spanische Staatssekretär, dass für die Beziehungen mit der EG der Beschluss Frankreichs (und im Anschluss daran der des EG-Rates) äusserst beunruhigend sei. De facto wird so der Beitritt Spaniens noch länger hinausgeschoben. Der Politiker machte auch keinen Hehl draus, dass der vorgezeichnete Beitrittsfahrplan nicht eingehalten werden könne. Mit anderen Worten: Das Ziel, die beiden iberischen Länder – Portugal und Spanien – Anfang 1984 in die Gemeinschaft aufzunehmen, wird unter den gegebenen Umständen kaum mehr zu erreichen sein.

Dabei richten sich die Bedenken der Gemeinschaft weniger gegen Portugal – dieser Anschluss ist gesamthaft nicht besonders problematisch – als vielmehr gegen die mögliche Bedrohung durch Spanien. So würde Spanien nicht nur einen Markt von 40 Mio. Konsumenten in die Gemeinschaft einbringen, sondern auch ein Bündel landwirtschaftlicher Probleme. Und dies gerade zu einer Zeit, da die Brüsseler Kasse enorme Mittel für die Neuordnung des Landwirtschafts- und Fischereimarkts der Zehnergemeinschaft einzusetzen hat.

Die Komplikationen beschränken sich aber nicht nur auf landwirtschaftliche Aspekte wie auf das spanische Angebotspotential für Wein. Spanien nimmt heute im OECD-Raum den achten Platz als Industrienation ein. Die Wandlung von einem Agrar- zu einem Industriestaat verlief seit Anfang der sechziger Jahre in regelmässigen Schritten. Spanien registrierte bis zum grossen Erdölschock 1973 jährliche Zuwachsraten von gegen 7%. Diese Tatsache zeigt, dass die Pyrenäenhalbinsel auch industriell einen ernst zu nehmenden Konkurrenten, insbesondere für Frankreich, darstellen kann. Schliesslich befürchten die zehn ihrerseits den Wettbewerb der iberischen

Textil- und Bekleidungsindustrie. Andererseits leidet Spanien, obwohl es mit seiner ganzen Liberalisierungspolitik die Erleichterung der Integration in die Gemeinschaft zum Ziel hat, unter Mängeln an industrieller Anpassungsfähigkeit. Im Verhandlungsverlauf haben sich deshalb etliche Schwierigkeiten ergeben, weshalb für die spanische Industrie verzwickte Übergangsregeln ausgehandelt werden mussten.

In Spanien hat die erneute Vollbremsung der Gemeinschaft etwelche Enttäuschungen ausgelöst. Viele Wirtschaftsexperten fragen bereits öffentlich, ob ein Anschluss um jeden Preis überhaupt wünschenswert sei. Sie argumentieren mit der besonderen Stellung, die Spanien als Wirtschaftsdrehscheibe zu den südamerikanischen und arabischen Staaten traditionell einnimmt. Abgesehen von emotionell geladenen Äusserungen ist für viele spanische Wirtschaftsführer die Zugehörigkeit zur EG zum jetzigen Zeitpunkt, da die Gemeinschaft ihre Budgetprobleme noch nicht ausgestanden hat, nicht unbedingt willkommen.

Generell fühlen sich der Mann von der Strasse und mittelständische Unternehmer wieder einmal von Europa im Stich gelassen. Viele drücken ihren Argwohn etwa so aus: Für die Nato sind wir gerade gut genug, aber wenn es um das Mitmachen in wichtigen Gremien geht, müssen wir jahrelang betteln und immer wieder warten. Da nützen gutklingende Beteuerungen auf beiden Seiten – wie etwa von einer grosszügigeren Mittelmeerpolitik oder vom Mare nostrum oder sogar vom unzähmbaren politischen Willen zur Erweiterung – herzlich wenig. Die Stimmung ist in Spanien fürs erste verdorben.

Auf dem Weg ins Verderben?

(Kommentar vom 23. Oktober 1982)

Die Schlussphase des spanischen Wahlkampfes hat begonnen. Von allen politischen Gruppierungen, die nach dem Verfall der Regierungspartei UCD zum Teil wie Pilze aus dem Boden schossen, haben sich zwei Parteien ganz klar herauskristallisiert: die Sozialisten mit ihrem populären Leader Felipe González und die konservative Volksallianz unter Führung des Ex-Franco-Ministers Manuel Fraga. Mittlerweile hat der Parteienkampf um die Wählergunst seine anfänglich ideologische Substanz verloren; Spaniens Wahlkampf ist zu einem Image-Kampf geworden.

Die schweren Probleme des Landes verlangen eine entschlossene Regierung, die nicht davor zurückscheut, in der Wirtschaftspolitik ein Reformwerk durchzusetzen, welches das Land aus der Misere herausführen kann. Die Prioritäten sind klar: Aus der Wirtschaftskrise (enorme Staatsverschuldung, Arbeitslosigkeit von 15%, praktisch Nullwachstum) muss herausgefunden werden. Auf der politischen Ebene ist die Bekämpfung des Putschismus wieder Thema Nummer eins geworden. Schliesslich gefährdet der Terrorismus nach wie vor das demokratische Zusammenleben und proviziert die reaktionären Kräfte der Militärs und der rechtsextremen Kreise.

Gewinnen die Sozialisten – nach Meinungsumfragen wird Felipe González von rund 59% aller Spanier akzeptiert – so müssen sie dem Land zunächst viele Fragen beantworten, auf die sie bis anhin taktisch geschickt nicht eingegangen sind. Die Sozialisten verstehen es meisterhaft, sich als disziplinierte Zukunftspartei zu präsentieren und gewisse nationale Anliegen zu ihren eigenen zu machen. Sie haben wiederholt zu verstehen gegeben, dass für sie Politik nicht Schnupftabak egozentrischer Führernaturen ist. Sie plädieren für den historischen Wandel und eine tiefgreifende Reform der spanischen Wirtschafts- und Gesellschaftsstrukturen.

Viele Fragen bleiben aber offen. So haben die Sozialisten ihr Wirtschaftsprogramm nicht genau definiert. Die Wähler haben aber ein Recht zu erfahren, ob die Banken gegebenenfalls verstaatlicht werden sollen. Gewisse Elektrizitätsversorger – das weiss man mittlerweile – würden die Sozialisten gerne unter staatlicher Obhut sehen. Eckpfeiler des Wirtschaftsprogramms der Sozialisten ist natürlich die Bekämpfung der Arbeitslosigkeit. Das soll durch noch grössere Interventionen der öffentlichen Hand und durch eine Ankurbelung der Baubranche geschehen. Man schätzt, dass ein Drittel aller

Arbeitslosen aus dem Baugewerbe kommt. Zudem soll die Einführung der Arbeitszeitverkürzung gewisse Nebenerscheinungen so quasi von selbst korrigieren. Der Wohlfahrtsstaat soll bedeutend ausgebaut werden und alle Spanier an der Verteilung des Wirtschaftskuchens teilhaben lassen.

Trotzdem, die Sozialisten wollen sich moderat und unternehmerfreundlich zeigen. Konkreter soll die unternehmerische Leistung nicht durch unnötige Auflagen behindert werden.

Die spanische Arbeitgebervereinigung hat unlängst scharf auf das sozialistische Wirtschaftsprogramm reagiert und ihre ernsthaften Zweifel angemeldet. Die Lage des spanischen Finanzsystems ist prekär genug, die Banken – auch die ausländischen Institute – halten mit neuen Krediten zurück und haben mit Befremden die jüngsten Konkurse von Firmen, die mit dem staatlichen Konglomerat INI verbunden sind, zur Kenntnis genommen. Für Spaniens Arbeitgeber wie im übrigen auch für die Rechtsparteien sind eine konsequente Sparpolitik, finanzielle Erleichterungen für die Unternehmen und eine gesunde Finanzpolitik, die allesamt den Weg für neue Investitionen und somit für neue Arbeitsplätze ebnen, das einzig richtige Rezept zur Überwindung der wirtschaftlichen Schwierigkeiten. Viele Unternehmer mahnen die Politiker, nicht überrissene Hoffnungen zu wecken. Sie gehen davon aus, dass eine Regierung, die sich stark an Wählerwünschen orientiert, auch in die Notlage kommen könnte, dass sie weiten Teilen der Bevölkerung starke Lasten aufbürden muss.

Die Sozialisten übernehmen ein schweres Erbe

(Artikel vom 1. Dezember 1982)

Wenn am 1. Dezember die Sozialisten offiziell in die Regierungsämter eingesetzt werden, übernehmen sie die Verantwortung für eine Wirtschaft, die schwer angeschlagen ist: So verwehrt die gegenwärtige Produktionsstruktur immer mehr Jugendlichen den Zugang und das Recht auf einen ersten Arbeitsplatz; die Arbeitslosigkeit mit über 2 Mio. Arbeitswilligen steigt weiter. Die öffentlichen Ausgaben überborden und können längst nicht mehr durch die Fiskaleinnahmen gedeckt werden. Der Aussenhandel ist ungenügend. Grund zu grosser Besorgnis ist auch die spanische Aussenverschuldung von umgerechnet rund 30 Mrd. $.

Keine Kehrtwende

Die von den Sozialisten aufs Programm geschriebene Umverteilung des Reichtums, die bestehende Ungleichheiten ebnen soll, ja die Steigerung des Wohlstands der ganzen Bevölkerung werden sich ob solcher Schwierigkeiten nicht von heute auf morgen verwirklichen lassen. Der Handlungsspielraum der neuen Regierung lässt in ökonomischer Betrachtungsweise keine grossen Sprünge zu. Hingegen erwarten die sozialistischen Wähler klare und schnelle Massnahmen ihrer Regierung, welche ihnen die in den letzten Jahren verlorene Kaufkraft zurückgeben sowie schnell neue Arbeitsplätze schaffen soll.

Indes dürfen diese Wähler auch von der neuen Regierung keine Wunder erwarten. Kurzfristig wird die Arbeitslosigkeit eher zunehmen. Die Sozialreformer unter der Führung des Pragmatikers Felipe González werden deshalb zunächst einen «konservativen» Balanceakt vollführen müssen. Die bisher von der zentristischen Regierung praktizierte Wirtschaftspolitik zielte vor allem darauf ab, die wirtschaftlichen Schwierigkeiten mittels grösserer Ausgaben der öffentlichen Hand abzufedern. Parallel dazu versuchte sie, in- und ausländische Ungleichgewichte durch eine straffe monetäre Politik auszumerzen. Abgesehen von einigen Erfolgen in der Inflationsbekämpfung waren die Resultate minim. Zweifelsohne beginge die sozialistische Regierung einen grossen Fehler, wenn sie auf dem Kurs ihrer Vorgänger verharren würde.

Es ist klar, dass die Versuchung besteht, vermehrt in staatlichen Interventionen Zuflucht zu nehmen. Zu dieser Einschätzung gelangen Beobachter um so eher, als die Sozialisten ihr ideologisches Programm mindestens etappenweise verwirklichen wollen. Deshalb werden die Reform der öffentlichen Administration (die enorme Mittel verschlingt), die Sanierung der Staatsbetriebe sowie die Neuausrichtung der Sozialversicherung zur Feuerprobe der Sozialisten werden. Dabei muss es der Regierung ein Anliegen sein, dass das Leistungsprinzip vermehrt durchgesetzt wird: Eine andere Arbeits- und Leistungsmoral ist in Spanien notwendiger denn je. Das Wachstum der öffentlichen Ausgaben darf auch nicht mehr gezielte arbeitsfördernde Staatsinvestitionen verunmöglichen. Ebenfalls müssen die Kredit- und die Arbeitskosten pro Produkteinheit herabgesetzt werden.

Dies ist nur möglich durch eine Verminderung des öffentlichen Defizits und eine entsprechende Redimensionierung der staatlichen Finanzierungsbedürfnisse. Auf diesem Weg verbessern sich die wirtschaftlichen Rahmenbedingungen der Unternehmen, womit auch deren Investitionsneigung zunehmen wird. Die Verminderung des öffentlichen Defizits setzt aber eine strenge Ausgabenkontrolle voraus.

Wird die Peseta abgewertet?

Heute stellt sich auch die Frage, ob die Peseta schon in den ersten Regierungstagen abgewertet wird. Ist die neue Regierung im weiteren in der Lage, der bereits hohen Kapitalflucht (vorwiegend in die Schweiz) entgegenzusteuern? Wenn es den Sozialisten in den ersten hundert Regierungstagen gelingt, die erwähnten Rahmenbedingungen zu schaffen, dann nimmt sie der Kapitalflucht ins Ausland die Triebkraft. Auch ist – trotz dem Druck der spanischen Exportindustrie – nicht damit zu rechnen, dass die Peseta schon bald formell abgewertet wird. Dies könnte sehr wahrscheinlich nur im Rahmen eines allgemeinen Stabilisierungsplans geschehen. Doch wird sich die Peseta gegenüber den harten europäischen Währungen in nächster Zeit voraussichtlich etwas abschwächen. Heute ist die spanische Währung gemessen am Inflationsniveau mit Sicherheit leicht überbewertet.

Eine konsequente Massnahme

(Kommentar vom 8. Dezember 1982)

Die sozialistische Regierung Spaniens hat ihr Mandat mit einer wichtigen wirtschaftspolitischen Massnahme begonnen – mit einer Abwertung der Peseta gegenüber dem US-Dollar um 8%. Eine solche Massnahme stand seit Wochen im Raum, auch wenn Finanz- und Währungsexperten stets versicherten, dass eine formelle Abwertung nur im Rahmen eines allgemeinen Stabilisierungsprogramms gerechtfertigt sei.

Abgesehen von der Komplexität des Themas scheint die Höhe der Abwertung vernünftig zu sein. Eine stärkere Wechselkurskorrektur wäre zum jetzigen Zeitpunkt eher schädlich gewesen, hätten doch neben der Verteuerung der Importe viele spanische Firmen arge Schwierigkeiten gehabt, ihre Fremdwährungskredite rechtzeitig oder überhaupt zurückzuzahlen. Zudem verlor die Peseta im Verlaufe dieses Jahres gegenüber dem fest tendierenden Dollar 20% ihres Werts. Im Vergleich dazu hielt sich die spanische Währung gegenüber der D-Mark, dem holländischen Gulden und dem Schweizerfranken mehr oder weniger über Wasser.

Der Banco de España verkauft und kauft nun seit letztem Montag Dollar zum Preis von 127,66 Ptas. Ob sich der Wechselkurs auf diesem Niveau halten lässt? Der neue Superwirtschaftsminister Boyer hat bereits die Regierungsabsicht kundgetan, künftig von der Stützungspolitik seiner Vorgänger abzusehen. Die Stützung der Peseta hat in den vergangenen sechs Monaten zu einem Aderlass der spanischen Währungsreserven geführt, die nach ersten Schätzungen allein im letzten Quartal um 2,5 Mrd. $ zurückgegangen sind.

Die Peseta wird also fortan normal floaten. Man erhofft sich von dieser Massnahme Impulse für die Wirtschaft und damit ein Anwachsen der Ausfuhren. Um die spanische Wettbewerbsfähigkeit ist es an den internationalen Märkten seit geraumer Zeit nicht zum besten bestellt. Die Regierung will aber an dem angekündigten Austeritätsprogramm festhalten. So soll der Geldmengenzuwachs nicht über die Schallgrenze von 13% hinausschiessen. Die jüngste Wirtschaftsmassnahme verdient deshalb Lob und lässt klare Konzepte der Regierung erkennen. Aber: Um das Schiff wieder flottzumachen, wird sich die sozialistische Regierung flankierende Wirtschaftsmassnahmen einfallen lassen müssen.

Rumasa – eine offene Wunde

(Kommentar vom 2. März 1983)

Der Fall Rumasa hat in der spanischen Öffentlichkeit wie eine Bombe eingeschlagen: Die Enteignung der grössten spanischen Holding ist in der Wirtschaftsgeschichte des Landes einmalig und nach Meinung von Beobachtern unter einem technisch-juristischen Gesichtspunkt nicht einwandfrei. Auf jeden Fall hat die sozialistische Regierung mit diesem Vorpreschen einen gefährlichen Präzedenzfall geschaffen, der – so wird befürchtet – Schule machen könnte. So werfen auch Unternehmer der Regierung vor, andere Lösungen zu wenig in Betracht gezogen zu haben. Allen voran wird Wirtschaftsminister Boyer beschuldigt, «in einem Machtrausch» voreilig gehandelt zu haben.

Die von der Regierung bekanntgegebenen Ziffern und Tatbestände machen aber mittlerweile klar, dass die finanzielle Situation des Wirtschaftsgiganten Rumasa seit geraumer Zeit bedenklich war. Das Nettovermögen der Gruppe, von der Führung der Holding mit über 116 Mrd. Ptas. (1,8 Mrd. Fr.) beziffert, wurde jetzt von den Behörden auf höchstens 5 Mrd. Ptas. nach unten korrigiert. Zudem wurde bekannt, dass der Konzern allein für 1980 Steuerschulden von über 20 Mrd. Ptas. auflaufen liess. Für 1981 wurde ein Verlust von gegen 9 Mrd. Ptas. festgestellt; die Gruppe hatte in ihrer Bilanz einen Gewinn von 6 Mrd. Ptas. ausgewiesen. Ausserdem werden Rumasa grobe Unregelmässigkeiten und unverantwortliches Geschäftsgebaren vorgeworfen. Als schlimm bezeichnete der Wirtschaftsminister dabei die klare Obstruktionspolitik der Holding. Die Gruppe habe versucht, die wahren Verhältnisse zu vertuschen. Die Flucht nach vorn hätte schliesslich das Unternehmen an den Rand des Konkurses gebracht.

Was aber weit mehr ins Gewicht fällt als der dramatische Niedergang einer Firmengruppe, die jahrelang als positives Beispiel für die spanische Wirtschaftsentwicklung zitiert wurde, ist die unverhüllbare Tatsache, dass die schwierige Lage Rumasas bereits 1978 der damaligen zentristischen Regierung bekannt war. Aber nicht nur die Regierung, sondern das gesamte Finanzsystem wusste anscheinend, dass es mit Rumasa nicht mehr zum besten stand. Die Grossbanken hatten unlängst der Gruppe ihre Kreditlinien gestrichen. Wie war es denn möglich, dass die Vorgängerregierungen nicht energischer vorgingen, ja nicht schon im Anfangsstadium der Krise eingriffen? Es stellt sich aber auch die Frage, ob die Einsetzung des Nationalen Garantiefonds vernünftiger gewesen wäre als die Enteignung der gesamten Holding.

Wenn die Regierung mit der Enteignungsmassnahme gleichzeitig ankündigt, gewisse Firmen der Holding bald wieder reprivatisieren zu wollen und die interessiert zuschauenden Grossbanken mit dem Gedanken der Übernahme der Rumasa-Banken – insbesondere des gutgehenden Banco Atlantico – kokettieren, warum dann die spektakuläre Enteignung der gesamten Gruppe? Und noch eine wichtige Frage stellt sich dem in- und ausländischen Beobachter: Ist es nicht an der Zeit, im spanischen Finanzsystem ein Kontrollorgan ins Leben zu rufen, um Pleiten wie Explosivos Rio Tinto, Banca Catalana und jetzt Rumasa zu verhindern?

Mit dem Fall Rumasa ist der spanische Finanzsektor weiter erschüttert worden. Rumasa wird leider weiterhin Schatten werfen. Ausländische Investoren sind nun möglicherweise versucht, ihre Spanien-Engagements zu verringern. In jedem Falle wird die Polemik zwischen Befürwortern und Gegnern der aufsehenerregenden Verstaatlichung die Gemüter noch lange erregen.

Die Wende steht erst noch bevor

(Kommentar vom 30. November 1983)

Mit der offiziellen Regierungsübernahme vor einem Jahr durch die siegreichen Sozialisten ging am 1. Dezember die politische Übergangszeit in Spanien zu Ende. Die Sozialisten haben in diesem ersten Jahr ihrer Regierungsverantwortung unmissverständlich gezeigt, dass sie entschlossen sind, die vielbeschworenen faktischen Kräfte des Landes – Kirche, Grosskapital, Militär – in den Schranken zu halten.

Dabei versuchten sie das Bild einer zukunftsorientierten, verantwortungsbewussten Partei zu projizieren. Die sofortige Peseta-Abwertung im letzten Dezember, aber auch die Enteignung von Rumasa, der grössten privaten Holding des Landes, stehen dabei Parade für die Wende. Dieses Handeln hat schliesslich demonstriert, dass die Sozialisten die Wirtschaftskrise angehen. Denn in der Zeitspanne des politischen Übergangs zwischen 1976 und 1982 gingen 50 000 spanische Firmen in Konkurs. 200 000 selbständige Unternehmer wurden arbeitslos; 1 600 000 Arbeitsstellen wurden abgebaut. Zurzeit ist die Arbeitslosigkeit in Spanien mit 17% der aktiven Bevölkerung die höchste im gesamten Raum der OECD.

Die Sozialisten übernahmen somit ein schweres Erbe, politisch und wirtschaftlich. Sie gingen dabei – entgegen den Erwartungen vieler – nicht von der Voraussetzung aus, dass Sozialismus den ideologischen Griff in fremde Taschen bedeute. Richtigerweise hatten sie sich selber die Preisfrage gestellt: Was machen Sozialisten, wenn die fremden Taschen leer sind? Die überspitzte Frage hat im ersten Regierungsjahr gezeigt, dass die Sozialisten nicht das andere, suspekte Spanien verkörpern. Sie sind nicht schlicht als die Verlierer des Bürgerkriegs zu betrachten: Ihr Bemühen ist offenkundig, nicht dem Bild des Revanchard in einem zweigeteilten Spanien zu entsprechen.

In diesem ersten Jahr freilich kamen sie der Einlösung ihres wichtigsten Wahlversprechens, der Schaffung von 800 000 Arbeitsplätzen in dieser Legislaturperiode, nicht näher. Erfolge konnten sie hingegen in der Inflationsbekämpfung und der Liberalisierung des Finanzsystems verbuchen. Im zweiten Halbjahr 1983 scheint sich ebenfalls der Aussenhandel (mit einer Zunahme von ca. 8%) erfreulich zu entwickeln. Positiv ist die Tatsache zu bewerten, dass die Regierung González die Priorität der wirtschaftlichen Probleme erkannt und entsprechende Zeichen gesetzt hat.

Dass die Regierung auch Schlappen hinnehmen musste, ist nicht zu übersehen. So war das Aussenministerium praktisch ununterbrochen harter Kritik ausgesetzt. In der Tat scheint die spanische Aussenpolitik ohne Hauptmast zu segeln. Mit der EG ist man keinen Schritt weitergekommen, trotz Lippenbekenntnissen der Zehnergemeinschaft. Mit Frankreich und Portugal – Ländern, die auch von sozialistischen Regierungen geführt werden – stehen die Beziehungen eher schlechter.

Das Verhältnis von Ministerpräsident Felipe González zu seiner Partei dürfte in Zukunft eher schwieriger werden. Insbesondere die Parteibasis ist mit der liberalen Politik der Regierung nicht immer zufriedenzustellen. Bissige Kritik kommt schliesslich aus den Reihen der Gewerkschaften, die sich mittlerweile als reaktionärste Gegner der Regierung entpuppen. Der weitere politische Kurs der Sozialisten dürfte ohnehin von der Durchsetzungskraft des Regierungschefs gegenüber seiner eigenen Partei, den linken und reaktionären Kreisen sowie von der weiteren wirtschaftlichen Entwicklung abhängen. Wunderrezepte à la française, das sollte Madrid inzwischen gemerkt haben, bringen die Wende nicht.

Ein heisses Eisen für González

(Artikel vom 24. März 1984)

Die spanische Regierung steht vor der undankbaren Aufgabe, die Industrie des Landes sanieren zu müssen. Vor allem die Schwerindustrie steckt in grossen Schwierigkeiten. Bereits in den letzten Jahren mussten in diesem Bereich aus Kosten- und Konkurrenzgründen einige hunderttausend Arbeitsplätze abgebaut werden.

Nach den Worten von Industrieminister Carlos Solchaga müssen in diesem Jahr entscheidende Fortschritte in drei wichtigen Bereichen erreicht werden: Angesprochen sind die industrielle Sanierung, die Verwirklichung des nationalen Energieplans (PEN) und der Beitritt zur EG. Diese drei Aufgaben sind für die Gesundung der spanischen Wirtschaft lebenswichtig. Während der EG-Beitritt Spaniens von Unwägbarkeiten belastet wird, die nur durch eine europäische Zustimmung gelöst werden können, ist das Land auf dem Gebiet der industriellen Sanierung auf sich allein gestellt. Die Sozialisten – das muss man ihnen zugute halten – bekundeten seit ihrem Amtsantritt vor einem Jahr immer wieder ihren Willen, die notwendige Reform der spanischen Schwerindustrie anzupacken. Der Entschluss, mit der Restrukturierung ernst zu machen und Spaniens Industrie auch auf diesem Gebiet an europäische Massstäbe heranzuführen, hat die Sozialisten viel Sympathie gekostet – auch in der eigenen Gefolgschaft: Spanien erlebt zurzeit die grössten Massendemonstrationen seit Bestehen der jungen Demokratie. Hunderttausende strömen auf die Strassen, um gegen den Verlust von Arbeitsplätzen in der Industrie zu protestieren. Carlos Solchaga ist von den betroffenen Arbeitern zum meistgehassten Mann der Nation erklärt worden.

Anpassungen unumgänglich

In der Schwerindustrie sind rasche Anpassungen unumgänglich. Bereits in den letzten sechs bis sieben Jahren sind gegen 900 000 Arbeitsplätze hauptsächlich aus Konkurrenzgründen abgebaut worden. Regierungschef Felipe González hat denn auch in einer ersten Botschaft zur Lage der Nation diesem Thema erste Priorität eingeräumt. Er erklärte den Spaniern, dass er von seiner bisherigen Wirtschaftspolitik – trotz des Unmuts eines grossen Teils der Bevölkerung – nicht abrücken werde. Der sich vollziehende Abbau von Arbeitsplätzen, meinte der Regierungschef, bedeute neue Arbeitsplätze in der unmittelbaren Zukunft. Andere Länder in Europa hätten Ähnliches durchgemacht. So habe Grossbritannien die Beschäftigten der Schwerindustrie in den letzten Jahren um 60% abgebaut, Frankreich um 50%.

Dass der Staat nicht weiterhin Gelder in einen leeren Sack stecken kann, ist den meisten Spaniern bewusst. Im Schiffsbau beispielsweise belaufen sich die jährlichen Verluste, für die der Staat aufkommen muss, auf über 45 Mrd. Ptas. (652,5 Mio. Fr.), in der Eisenhüttenindustrie auf 30 Mrd. Ptas. Deshalb sollen für dieses Jahr die Personalbestände um weitere 50 000 Arbeitsstellen reduziert werden. Besonders betroffen sind die Hochöfen des Baskenlandes und Sagunto am Mittelmeer. Hier sind schwere Konflikte nicht auszuschliessen.

Jeder fünfte arbeitslos

Dabei will jedoch der Industrieminister für die Bereiche Eisenhütten, der Stahlproduktion, Schiffsbau und Elektrohaushaltsgeräte ein Reformpaket von 700 Mrd. Ptas. schnüren. Davon sollen 50 Mrd. in den nächsten Jahren als Linderungssumme für Härtefälle und Sozialprogramme zur Verfügung stehen. Zusammenfassend hat die Regierung mit der Reform der spanischen Schwerindustrie ein heisses Eisen angepackt: Ein weiterer massiver Abbau von Arbeitsplätzen, wie dies in den letzten Jahren geschehen ist, stösst politisch an klare Grenzen, weil derzeit in Spanien jeder fünfte arbeitslos ist. So hätte Sagunto schon vor einem Jahr geschlossen werden sollen. Der schwelende Konflikt der Arbeiterschaft hat dies aber verhindert. Entscheidend ist heute, dass die industrielle Sanierung nicht ins Stocken gerät. Wird das Restrukturierungswerk nicht entschlossen angepackt, sind für gesamte Belegschaften angeschlagener Betriebe schwere Konsequenzen absehbar.

Ein Volk von Kellnern und Fremdenführern?

(Kommentar vom 8. August 1984)

Vor dem Hintergrund des mittlerweile als ziemlich sicher geltenden EG-Beitritts Spaniens, der voraussichtlich 1986 erfolgen wird, hat sich unter vielen spanischen Ökonomen eine leise Polemik breitgemacht. Obwohl die politische Kluft zwischen Befürwortern und Gegnern eines Anschlusses überwunden ist, ist der Fahrplan für den spanischen Einzug in den Zehner-Klub doch Anlass zu Zweifeln, ja sogar zu tiefer Besorgnis. Die Frage, die jetzt die meisten spanischen Unternehmer beschäftigt, ist einfach: Ist die spanische Wirtschaft zum heutigen Zeitpunkt imstande, im Falle einer Integration in die EG ihre Wettbewerbsfähigkeit aufrechtzuerhalten? Die lapidare und unverblümte Antwort lautet: Wohl kaum!

Auch wenn man die vereinbarten Übergangsphasen für industrielle Produkte oder für die noch wichtigeren landwirtschaftlichen Erzeugnisse ins wirtschaftspolitische Kalkül einbezieht, werden manche Unternehmer den Eindruck nicht los, dass der Preis zur Erreichung eines als notwendig empfundenen politischen Ziels zu hoch ist. Läuft Spanien nicht Gefahr, von billigeren und besseren europäischen Produkten überschwemmt zu werden? Besteht nicht die berechtigte Befürchtung, Spanien könnte – ähnlich wie im ersten Drittel dieses Jahrhunderts – von europäischen Multis kolonisiert werden? Schliesslich geistert in vielen Köpfen der quälende Gedanke, das Land könnte mit seinen 38 Mio. Einwohnern ein willkommener Ausweichmarkt für europäische Überproduktionen werden. Und noch ein unangenehmer Gedanke: Nicht wenige sehen die in den sechziger und siebziger Jahren erbrachte Wirtschaftsleistung Spaniens im Subventionsdschungel der EG völlig untergehen. Forschung und Entwicklung kämen, so die Befürchtung, paradoxerweise zum Stillstand. Das Resultat einer solchen Entwicklung würde Spanien zur Bettelnation, zur Billigproduktionswerkstatt, zum Tummelplatz für europäische Sonnenhungrige degradieren. Zahlreiche, auch nicht spanische Experten warnen davor, das Land könnte dann zur europäischen Unterhaltungsstätte, ganz im Stile des amerikanischen Staates Florida, werden. Spanien – ein Volk von Kellnern und Fremdenführern?

Gottlob sehen nicht alle Unternehmer die Zukunft in und mit der EG derart schwarz, und sie wissen zweifelsohne, dass fürs erste die iberische

Erweiterung der Gemeinschaft Geld kosten wird. Im übrigen sprechen die Fakten für sich: Spanien fakturiert schon heute 45% seiner Exporte in den EG-Raum. Und es ist auch nicht wahrscheinlich, dass Spanien zu einem späteren Zeitpunkt, vielleicht 1990, eher in der Lage wäre, den EG-Beitritt besser zu verkraften. Würde nicht jeder Beitrittsaufschub in einer bereits heute stark reformbedürftigen EG die spanische Integration erschweren? Von dieser Einschätzung ausgehend versucht die sozialistische Regierung unter Premier Felipe González noch in der laufenden Legislaturperiode, die Pendenz EG-Beitritt zu erledigen. Nur, Spanien muss seine Positionen besser verteidigen, darf nicht hastig Forderungen der EG erfüllen, die das Land langfristig mit einer hohen Hypothek belasten.

Auf jeden Fall darf es nicht so weit kommen, dass spanische Unternehmen die Kontrolle über wichtige Wirtschaftsbereiche des Landes verlieren, bevor es zu den entscheidenden Abschlussverhandlungen mit Brüssel kommt. Der kürzliche Übernahmecoup in der spanischen Speiseölindustrie mag als Paradestück gelten, wie ausländische Multis spanische Märkte erobern können. Der französischen Lesieur-Gruppe gelang es, den Mitkonkurrenten Unilever auszustechen und die Aktienmehrheit des spanischen Grosskonzerns Koipe aufzukaufen. Zuvor hatte Lesieur bereits mit Carbonell einen anderen spanischen Speiseölriesen übernommen. Lesieur kontrolliert nun 58% des spanischen Markts. Traditionell ist Spanien weltweit ein wichtiger Speiseöllieferant. Wie werden nun die Verhandlungen mit der EG ausgehen, wenn Frankreich – ein wichtiger Kontrahent Spaniens in allen landwirtschaftlichen Fragen – die praktische Kontrolle über diesen Markt ausübt?

Hochstimmung in Madrid

(Artikel vom 17. Oktober 1984)

Seit Anfang 1984 herrscht in Madrid ein ausgesprochen freundliches Börsenklima: Der Index kletterte unaufhaltsam und notierte unlängst einen seit fast zehn Jahren unerreichten Höchstwert von 154,5 Punkten. Das sind rund 60% mehr als zu Beginn des Jahres. Die fulminante Entwicklung hat eine Hochstimmung geschaffen, die gerne die traumatischen siebziger Jahre vergessen lässt. Von 1974 bis 1980 erlitten die meisten Anleger bis zu 90%ige Kursverluste. Der darauf folgende Liberalisierungsprozess und die neue Reglementierung der Börse haben sich jedoch als wichtiger Schritt in die richtige Richtung erwiesen; sie haben die Bildung eines selbständigen Wertpapiermarkts ermöglicht.

Die spanische Börse genoss in den Jahren der franquistischen Diktatur einen besonderen Status: Überraschungen gab es an der Börse praktisch keine, denn die Interventions-Mechanismen des Staates und die damit verknüpfte Einschaltung der Notenbank, verurteilten die Börse zu einem Schattendasein und zur internationalen Bedeutungslosigkeit. Die Börse diente damals höchstens den Finanzjongleuren des Regimes.

Diese Situation änderte sich 1979 schlagartig mit der Einführung einer freien Marktwirtschaft in Spanien. Die sukzessive Modernisierung des Aktienmarkts, die vor kurzem erfolgte Ausweitung der Börsensitzungen (nun Montag bis Freitag), die Inbetriebnahme einer elektronischen, die Landesbörsen miteinander koordinierenden Datenbank und ein fortschrittliches Handels- und Abrechnungssystem sind weitere Meilensteine in der jüngsten Börsengeschichte. Die Tendenz ist zurzeit ausgesprochen günstig. Die Börse ist attraktiver geworden, und auch dem kleineren Sparer eröffnen sich wieder Gewinnperspektiven.

Positive Zwischenbilanz

(Kommentar vom 27. Oktober 1984)

Die Regierung unter Premierminister Felipe González steht – genau zwei Jahre nach einem berauschenden Wahlsieg – im Zenit ihrer Popularität. Nach der Halbzeit der Legislaturperiode bemüht sie sich nun auch, die positiven Wirtschaftsleistungen der Sozialisten anzupreisen. Allerdings ist das grosse Wahlversprechen – die Schaffung von 800 000 neuen Arbeitsplätzen – bislang nicht eingelöst worden. Die Arbeitslosigkeit hat gar explosiv auf 2,7 Millionen und damit auf über 20% der arbeitsfähigen Bevölkerung zugenommen.

Nicht zu bestreiten ist, dass der gelobte Wirtschaftsminister Boyer die makroökonomischen Rahmenbedingungen wieder einigermassen ins Lot gebracht hat. So konnte die Inflationsrate von 14% bis Ende Jahr auf 9% gedrückt, das Handelsbilanzdefizit von 4,1 Mrd. $ in einen Überschuss von 1,6 Mrd. $ verwandelt werden. In beträchtlichem Umfang nahmen auch die Ausfuhren von spanischen Erzeugnissen zu, dies obwohl die traditionellen Märkte in Lateinamerika von rezessiven Tendenzen geprägt waren.

Man erinnere sich aber auch an die grossen Unternehmenskrisen, welche die sozialistische Regierung gezwungenermassen angehen musste: Rumasa und Banca Catalana stehen als Paradebeispiele für viele Pleiten spanischer Unternehmen. So musste die Regierung da und dort Löcher stopfen, um die industrielle Umstrukturierung voranzutreiben. Immerhin ist für Wirtschaftsminister Boyer die Heilung der Wirtschaft mittlerweile derart fortgeschritten, dass er die Zügel etwas lockern will. Die bisherige Austeritätspolitik soll einem expansiveren Regime Platz machen. Mit Rücksicht auf die nächsten Wahlen gilt es, die etwas lädierten Positionen zu festigen. Dass ein erneuter Wahlsieg bei steigender Arbeitslosigkeit möglich wäre, ist zumindest fraglich.

Letztlich ist die politisch noch nicht gänzlich ausgespielte EG-Karte für die Sozialisten ein Triumph. Ab 1986 wird Spanien EG-Mitglied sein. Dabei sehen jedoch viele Spanier in der jüngsten Versenkung eines spanischen Kutters durch die irische Küstenwache ein eigenartiges Zeichen, das die langwierigen, leidvollen Beziehungen zur Europäischen Gemeinschaft spiegelt. Die Sozialisten dürften versuchen, die öffentliche Meinung zugunsten der EG zu sensibilisieren. Dabei müssen sie jedoch die für Spanien teilweise harten Beitrittsbedingungen in ein positives Licht stellen und gleichzeitig die schwierige Nato-Frage aufs Tapet bringen. So gesehen ist die jetzige Regierungsbilanz der Sozialisten eben nur eine Zwischenbilanz.

Zwischen EG und Nato

(Kommentar vom 23. Februar 1985)

Für Spanien stand das jüngste Treffen der Zehnergemeinschaft von Anfang an im Zeichen des Versteckspiels. Niemand erwartete von der Brüsseler Zusammenkunft ein brauchbares und aufbauendes Ergebnis. Unlust und Stimmungslosigkeit beherrschten die zweitägige Sitzung. Die Zehn konnten sich nicht dazu aufraffen, Spanien ein endgültiges Beitrittsangebot zu unterbreiten. Waren die Benelux-Staaten mit den ausgearbeiteten Klauseln einverstanden, so meldeten Frankreich und Irland umgehend Bedenken an. Kurzum: Ein neues Treffen ist noch für diesen Monat angesagt, um baldmöglichst weiterzukommen.

Angesichts der «unüberwindbaren» Hindernisse, vor allem in den drei konfliktträchtigen Kapiteln Landwirtschaft, Fischerei und Sozialwesen, versuchte die spanische Exekutive bereits am letzten Wochenende behutsam darauf hinzuweisen, dass ein Endspurt nötig sei, wenn man am Beitrittstermin des 1. Januar 1986 festhalten wolle. Italiens Ministerpräsident Bettino Craxi äusserte jedoch seine Skepsis über die Aufrechterhaltung des Beitrittskalenders. Spanien hat rasch gekontert und durch die Blume mit dem Austritt aus der Nato gedroht, falls es mit dem EG-Beitritt nicht klappen sollte. Auch hat Spanien die Konturen dieses langjährigen Verhandlungsmarathons enger gezogen und mit Nachdruck erklärt, dass das Verhandlungslimit nicht unterschritten werden könne. Weitere Konzessionen will und kann die sozialistische Regierung von Felipe González nicht machen. Spanien verlangt gerade in der Schlussphase der Beitrittsgespräche, fair und ohne Diskriminierungen behandelt zu werden.

Wie geht es nun weiter? Wird Spanien nach einem langen und leidvollen Kampf um die politische und wirtschaftliche Zugehörigkeit zu Europa kurz vor dem Ziel ins Niemandsland gestossen? Vieles deutet darauf hin, dass es für Spanien kein Zurück mehr gibt. Eine andere aussergemeinschaftliche Option ist nur schwerlich vorstellbar. Andererseits will das Land nicht um jeden Preis in den noblen Zehnerklub eintreten. Sollte aber die Übereinkunft in letzter Minute doch nicht zustande kommen, was dann? Welche Konsequenzen hätte ein Scheitern für Spanien und für die Gemeinschaft? Die Auswirkungen wären für Spanien schlimm. Der Glaube vieler an die Überlebenskraft der demokratischen Institutionen in Spanien ginge vor dem Hintergrund einer Arbeitslosigkeit von 3 Mio. verloren. Die sozialen Spannungen nähmen zu. Ein Verbleib in der Nato wäre dann nicht mehr vertretbar.

Die momentane Situation verlangt deshalb nach einer politischen Entscheidung der Gemeinschaft. Eine gewisse Hoffnung, dass alles unter Dach und Fach kommt, lässt sich aus der Haltung Bonns ablesen. Danach will die BRD ihre Quoten in der Gemeinschaft nur erhöhen, wenn die Süderweiterung stattfindet. Die EG benötigt diese Mehrleistungen aber schon jetzt dringend. Eine Zangengeburt steht an: Spanien ist für eine Kapitulation nicht reif, und die Gemeinschaft darf ihre Glaubwürdigkeit nicht verlieren.

Bittersüsser Nachgeschmack

(Kommentar vom 3. April 1985)

Es ist endlich geschafft! Spanien wird planmässig am 1. Januar 1986 Mitglied der Europäischen Gemeinschaft. Nach langjährigen mühsamen Beratungen, Enttäuschungen und Krisen hat es doch geklappt. 23 Jahre lang musste Spanien an die europäische Tür klopfen, bis es schliesslich aufgenommen wurde. Die Reise in die EG war lang, vielleicht zu lang. Darum kommt jetzt auch das Brüsseler Ja einem Reifezeugnis für das neue, demokratische Spanien gleich.

Die EG ihrerseits hat unvermutete Vitalität gezeigt, um den integrationspolitischen Prozess voranzutreiben. Die gegenseitige Annäherung darf unumwunden als historische Fügung bezeichnet werden, die in Madrid und Brüssel gebührend gefeiert wird. Für die sozialistische Regierung von Felipe González stellt die Aufnahme in die Gemeinschaft einen enormen Erfolg dar. Zweifelsohne werden die Sozialisten versuchen, diesen Trumpf in den kommenden Wahlen voll auszuspielen. Auf der anderen Seite gewinnt die Zehnergemeinschaft mit der Süderweiterung und mit ihren nunmehr 320 Millionen Menschen an Gewicht. Fraglich bleibt, ob die neue Gemeinschaft ihre Chance wahrnimmt und sich künftig vermehrt als Macher in der Weltpolitik engagieren wird.

Aber abgesehen von innen- und aussenpolitischen Konsequenzen, welche die Süderweiterung mit sich bringt, verdienen die wirtschaftlichen Auswirkungen eine ernsthafte Prüfung. Eines sei vorweggenommen: Für Spanien sind die wirtschaftlichen Aussichten alles andere als rosig. Und die wirtschaftliche Integration Spaniens in die Gemeinschaft wird die erhoffte Prosperität vorläufig nicht bringen.

Die Aufnahmebedingungen, die in wichtigen Bereichen wie Fischerei, Agrarprodukte und Freizügigkeit spanischer Arbeitnehmer lange Übergangsfristen vorsehen, sind hart und können auch durch gewisse finanzielle Zugeständnisse nicht versüsst werden. Die Fischereiflotte Spaniens, die drittgrösste der Welt, möge als Beispiel dienen. Wie wird dieser beschäftigungsintensive Wirtschaftszweig im Jahre 2002, nach Ablauf der vereinbarten Übergangszeit, aussehen? Schon dieses Jahr vermochte die Flotte den spanischen Markt nicht zu versorgen. Es mussten zum erstenmal Fischmengen aus Europa importiert werden. Diese Entwicklung symbolisiert den von der EG gewünschten Trend: Spanien soll seine Pforten für europäische

Überkapazitäten schnell öffnen, im Gegenzug kann es aber mit seinen starken Agrarprodukten die Gemeinschaft nicht «überschwemmen».

Die sozialistische Regierung hat überdies die Verhandlungen mit der EG in eigener Regie geführt, ohne die interessierten Wirtschaftsverbände zu konsultieren. Die spanischen Unternehmer befürchten deshalb nicht zu Unrecht, dass sie vom leistungsstarken Norden überrollt werden. Multinationale Konzerne haben sich dank ihrer Finanzkraft bereits seit einiger Zeit in verschiedensten Bereichen niedergelassen und vergrössern nicht zuletzt durch den EG-Subventionsmechanismus ihre spanischen Gewinne.

Bezeichnend für diese Entwicklung steht die Speiseölindustrie, die praktisch von der französischen Gruppe Lesieur dominiert wird. War da der Preis des EG-Beitritts nicht zu hoch? Und gingen die bedeutsamen Abstriche, die man im Endspurt noch hinnehmen musste, nicht an die Substanz der spanischen Wirtschaft?

Die den Beitritt zwangsläufig begleitende Einführung der Mehrwertsteuer wird im übrigen eine Inflationszunahme von 3 Prozentpunkten verursachen. Eine Peseta-Abwertung ist absehbar, will man die spanische Wettbewerbsfähigkeit an der Aussenfront nicht aufs Spiel setzen. Aber auch die Wirtschaftspolitik des Superministers Boyer gerät durch diesen Tatbestand aus den Fugen. Er hatte auf eine konsuminduzierte Wirtschaftserholung gesetzt, die jetzt in weite Ferne rückt. Alles in allem hinterlässt der EG-Beitritt in wirtschaftlicher Hinsicht einen bittersüssen Nachgeschmack. Der Spanier darf nicht auf den Wohlstandssegen aus Brüssel hoffen; fürs erste muss er den Gürtel wieder einmal enger schnallen.

Seat-Übernahme – harte Konditionen

(Artikel vom 8. Juni 1985)

Anfang dieses Jahres wurde die glückliche Botschaft verkündet: Volkswagen würde in Kürze den lädierten spanischen Automobilhersteller Seat übernehmen. Seither laufen die Verhandlungen der Deutschen mit dem spanischen Staat auf Hochtouren. Die geplante Heirat der beiden Automobilhersteller soll nun im November stattfinden.

Allerdings stellen die Deutschen harte Konditionen. Zuoberst auf der Forderungsliste der Wolfsburger steht ein industrieller Entwicklungsplan für Seat. Ausserdem wollen die Deutschen den kumulierten Schuldenberg von gegen 100 Mrd. Ptas. (1,5 Mrd. Fr.) nicht übernehmen. Sie verlangen die weitgehende finanzielle Sanierung der Seat-Gruppe.

Nicht rentabel

Seat ist seit geraumer Zeit ein Sorgenkind des staatlichen Instituto Nacional de Industria (INI), das die Kontrolle ausübt: Im vergangenen Jahr musste ein hoher Verlust von annähernd 35 Mrd. Ptas. ausgewiesen werden, obwohl im Exportgeschäft einige Erfolge erzielt wurden. Die Liberalisierung des spanischen Markts und der damit intensivierte Wettbewerb liessen den Verkaufspreis eines Personenwagens praktisch über Nacht deutlich unter die Herstellungskosten absacken. Mittlerweile hat Seat auch die Monopolstellung in Spanien verloren.

In den letzten fünf Jahren hat Seat umgerechnet 700 Mio. $ in Forschung und Entwicklung investiert. Die Geschäftsführung will bis 1988 weitere 1,2 Mrd. $ für drei neue Serien aufbringen. Dabei will sie zusammen mit Volkswagen neue Produktionsmethoden einführen, welche die Rentabilität steigern sollen. Die Deutschen gingen noch weiter und sandten 17 000 Seat-Angestellte in einen zweitägigen Kurs für Qualitätssicherung. Belegschaft und Management von Seat haben gemerkt, dass die Deutschen nicht nur Kapital mitbringen: Die Spanier werden auch von der hohen Technologie inklusive den Arbeitsmethoden profitieren können. Die Frage stellt sich indes, ob die Fusion auch für beide Seiten interessant ist.

VW will höheren Marktanteil

Der Volkswagen-Konzern bringt einiges in diese Ehe mit: VW steht für eine solide Kapitalbasis, erstklassiges Know-how und eröffnet gleichzeitig Seat die Möglichkeit einer verstärkten Präsenz auf den hart umkämpften Märkten Europas. Was aber bieten die Spanier? Volkswagen ist an einem grösseren Anteil des spanischen Markts interessiert. Spanien ist in vieler Hinsicht – auch im Hinblick auf den Beitritt in die EG – ein interessanter Markt geworden. Ausserdem liegen die Produktionskosten in Spanien nach wie vor 30% unter dem deutschen Niveau. Dieser gewichtige Faktor erklärt auch, weshalb andere ausländische Automobilhersteller wie Ford oder General Motors sich in Spanien niedergelassen haben. Das schlägt sich deutlich im Exportgeschäft nieder: 61% der in Spanien hergestellten Automobile werden mittlerweile exportiert.

Ein weiteres Argument für die geplante Fusion zwischen Volkswagen und Seat sind die bereits bestehenden Zusammenarbeitsverträge, die sich für beide Seiten lukrativ entwickelt haben: Seat fertigt unter deutscher Lizenz 70 000 Automobile pro Jahr für den spanischen Markt und 50 000 Polos für das europäische Vertriebsnetz von Volkswagen. Zusammenfassend wollen die Deutschen kaufen und der spanische Staat verkaufen. Spätestens im Herbst müssen sich die beiden Seiten entscheiden.

Unter Erfolgszwang

(Kommentar vom 10. Juli 1985)

Ein irritiert und äusserst nervös wirkender Felipe González kündigte am vergangenen Donnerstagabend die offen ausgebrochene Regierungskrise an: Was ein kleines und zweckmässiges Revirement werden sollte, hat sich über Nacht zu einer handfesten Regierungskrise ausgewachsen.

Die angeblich minuziös geplante Regierungsumbildung ist Premier González buchstäblich aus den Händen geglitten. Die grösste Überraschung provozierte das Ausscheiden des Superwirtschaftsministers Miguel Boyer. Aussenminister Morán, der die Schlussphase der EG-Beitrittsverhandlungen führte, musste dabei über die Klinge springen. Man wirft ihm offiziell vor, gegen den Nato-Verbleib Spaniens zu sein. Morán musste wohl – ungeachtet seiner eigenen Fehltritte – als Sündenbock für eine immer stärker in Bedrängnis geratene sozialistische Regierung herhalten.

Die Ausbootung Boyers, der wegen seiner autoritären Persönlichkeit zu den markanten Figuren innerhalb der Regierung zählte, zeigt zumindest, dass die Spannungen zwischen dem Wirtschaftsministerium und Vizepremier Alfonso Guerra erheblich waren. Der Linksideologe Guerra und der Pragmatiker Boyer galten von Anfang an als die grossen Antagonisten dieser Regierung. Boyer muss es schliesslich leid gewesen sein, sich tagtäglich in parteipolitischen Querelen aufreiben zu lassen. Er wollte seine auf Sparsamkeit bedachte Wirtschaftspolitik fortsetzen und politisch abgesichert wissen. Seine beharrliche Forderung nach weiterer Stärkung seiner Position hat ihn schliesslich die Stellung gekostet.

Zweieinhalb Jahre sozialistische Regierung haben die wirtschaftliche Wende eben nicht gebracht. In der letzten Zeit mussten Beobachter zunehmend einsehen, dass sich viele grossspurige Projekte zu Fehlgeburten entwickelten. Trotzdem: Auch nach der jüngsten Regierungsumbildung ist nicht anzunehmen, dass die Wirtschaftspolitik Boyers in unmittelbarer Zukunft massgeblich geändert wird. Aber der Erfolgszwang der Regierung wächst. Sowohl die Parteibasis als auch Nichtsozialisten verlangen Lösungen für die verheerende Lage am Arbeitsmarkt.

Erfolge verbucht die Regierung nach wie vor in der Inflationsbekämpfung und an der Aussenfront. Nichtsdestoweniger ist aber die Aktivität im Aussenhandel, gemessen am Vorjahresergebnis, merklich zurückgegangen. Schliesslich wird das anvisierte Ziel von 7% Inflation bis Ende Jahr nur schwerlich erreicht. Insbesondere ist es aber der Regierung bisher nicht gelungen, die Inlandnachfrage entscheidend zu beleben. Die spanische Investitionstätigkeit ist seit langem unbefriedigend. Es sind vor allem Ausländer, die derzeit in Spanien investieren. Die Sozialisten haben sich bislang zuwenig Mühe gegeben, die Unternehmerschaft des Landes für sich zu gewinnen.

Mit Blick auf die Wahlen von 1986 müssen nun Erfolge her. So ist auch zu erwarten, dass das Arbeitslosenheer von drei Millionen Spaniern im wirtschaftspolitischen Kalkül eine bedeutende Rolle spielen wird. Natürlich werden flankierende Massnahmen einer solchen Politik auch an der Aussenhandelsfront zu spüren sein. Die spanische Wettbewerbsfähigkeit darf indes durch den EG-Beitritt nicht weiter lädiert werden. Der neue Mann im Wirtschaftsministerium gerät unter Druck. Die Madrider Börse hat mit starken Einbussen auf die Regierungsumbildung reagiert. Währungspolitisch munkelt man schon von einer weiteren Peseta-Abwertung – allerdings sehr dosiert. So oder so: Nach der Sommersiesta muss in wirtschaftspolitischer Hinsicht einiges geschehen.

Klares Votum für González

(Kommentar vom 25. Juni 1986)

Um es gleich vorwegzunehmen: Die spanischen Sozialisten (PSOE) haben kein zukunftsweisendes Programm. Sie verstehen es allerdings besser als jede andere Partei, sich an die Veränderungen in der Gesellschaft anzupassen. Und noch eins: Der spanische Wähler hat erneut bewiesen, dass er eine starke und dauerhafte Regierung bevorzugt. Nicht zuletzt deshalb sind aus den Wahlen am letzten Wochenende die Sozialisten wiederum als klare Sieger hervorgegangen. Zwar haben sie – was erwartet wurde – Mandatsverluste hinnehmen müssen, die absolute Mehrheit ist ihnen aber gewiss. Der populäre Leader Felipe González amtet also für weitere vier Jahre als Regierungschef.

Die ungebrochene Stärke der Sozialistischen Arbeiterpartei lässt sich nicht so sehr auf die eigenen Verdienste aus ihrer Regierungstätigkeit zurückführen denn auf das Unvermögen der Rechtsparteien, sich dem Volk als echte Alternative zu präsentieren. Insbesondere die stärkste Oppositionspartei, die Volksallianz des früheren Franco-lnformationsministers Manuel Fraga Iribarnes lebt auch nach diesen Wahlen in der Stabilität ihrer Mittelmässigkeit. Vermutlich wäre ihr mit einem anderen Führer ein Sieg eher gelungen. Die Volksallianz lebt und stirbt zurzeit mit Fraga. Da Fraga aber noch vielen Spaniern ein Dorn im Auge ist und sich aus dem zweiten Glied der Partei kein politischer Nebenbuhler Fragas profilieren konnte, ist die Zukunft dieser konservativen Gruppierung fraglich geworden.

Der Wahlkampf war – wie schon 1982 – zum Image-Kampf degradiert. Wahltaktisch geschickt wurde ein Personenwahlkampf geführt, wobei den Parteiprogrammen nur noch sekundäre Bedeutung zukam. So lässt sich auch das Comeback des Ex-Premiers Suárez erklären. Suárez, der mit 19 Sitzen ins Parlament einzieht, beansprucht das politische Zentrum, das 1982 nach dem Machtverlust der früheren UCD von den Sozialisten eingenommen wurde. Sein glänzendes Resultat verdankt Suárez nicht zuletzt wohl seinem persönlichen Charme und nicht so sehr seinem nicht ganz klaren reformistischen Programm.

Schliesslich zeigt das Schicksal des grossen Verlierers dieser Wahlen, der liberal-reformistischen Partei Miguel Rocas, dass die Spanier keine Lust zum politischen Experiment verspüren. Die Bewegung Rocas, von den Banken finanziell massiv unterstützt, war von Anfang an eine Totgeburt.

Im Vorfeld des Wahlkampfes brauchten die Sozialisten erstaunlicherweise nicht einmal zu verkünden, was sie denn in den nächsten vier Jahren alles besser machen wollen. Wie sie beispielsweise mit der hohen Arbeitslosigkeit von 22% in dieser Legislaturperiode fertig werden, haben sie den Wählern nicht erklärt. Versäumt haben sie es auch, einzugestehen, dass die meisten ihrer Versprechungen von 1982 nicht eingelöst worden sind. Meisterhaft hingegen verstanden sie es, die Bürger an die Notwendigkeit des historischen Wechsels zu erinnern. Wen erstaunt, dass der Mann von der Strasse der Ansicht ist, Sozialismus sei Balsam für Spanien. Eines hat die PSOE bestimmt geschafft: Man gibt sich als Realpolitiker – losgelöst vom ideologischen Makel von einst. Darum auch hatte dieser Wahlkampf für die spanische Demokratie einen ganz anderen Stellenwert als vor vier Jahren. Niemand zweifelt mehr daran, dass die politische Übergangszeit vom Franco-Regime in die Demokratie nun definitiv überwunden ist.

Bis anhin konnten sich die Sozialisten in ihrer Regierungsära eines international freundlichen Konjunkturklimas erfreuen. Die Auswirkung des tieferen Erdölpreises und die Rutschpartie des Dollars bringen mit entsprechendem Time-lag auch den Spaniern höhere Realeinkommen. Als Pluspunkt auf dem Erfolgskonto der Sozialisten steht zudem der EG-Beitritt.

Die PSOE hatte sich vor vier Jahren vorgenommen, die Gesellschaftsstrukturen des Landes tiefgreifend zu verändern – mit Mass, ohne Willkür. Bis jetzt wusste die Partei allerdings nicht recht wie, trotz aller Mühe, die man sich gegeben hat. Nun hat González die historische Chance, Spanien ein Stück weiter zu modernisieren.

War der Eintrittspreis zu hoch?

(Kommentar vom 5. November 1986)

Nach einem knappen Jahr EG-Zugehörigkeit ist unter den spanischen Unternehmern eine merkliche Ernüchterung zu spüren. Die wirtschaftlichen Aussichten sind vorläufig für Spanien alles andere als rosig. Die mit dem EG-Beitritt erwartete volkswirtschaftliche Prosperität ist bislang nicht eingetreten. Im Gegenteil. Zuerst galt es, den Gürtel enger zu schnallen.

Die Spanier haben umsonst auf den Wohlstandssegen aus Brüssel gewartet. Sie haben merken müssen, dass ein Wirtschaftswunder eine Leistung und kein Himmelsgeschenk ist. Die den Beitritt zwangsläufig begleitende Einführung der Mehrwertsteuer hat vorläufig eine Inflationszunahme von gegen 4% verursacht. Umgekehrt hat Spanien seine Tore für europäische Überkapazitäten relativ schnell geöffnet. Das Resultat ist verheerend. In den ersten neun Monaten dieses Jahres haben die spanischen Importe aus dem EG-Raum um 32% zugenommen, während die spanischen Ausfuhren in den gleichen Wirtschaftsraum nur um 9% gesteigert werden konnten. Das Handelsdefizit betrug per Ende September 46,8 Mrd. Ptas., im Vergleich dazu erzielte Spanien in der gleichen Vorjahresperiode einen Überschuss von 201,7 Mrd. Ptas. Der EG-Beitritt kommt die Spanier zumindest im ersten Jahr der EG-Integration teuer zu stehen.

Niemand bestreitet heute, dass der integrationspolitische Prozess für die demokratischen Institutionen des Landes eine Festigung gebracht hat. Auch ist der natürlichen Berufung Spaniens zu einer aktiveren Rolle im vereinten Europa zumindest in Ansätzen entsprochen worden. Spanien konnte innen- und aussenpolitisch nicht mehr abseits stehen. Die ausländische Konkurrenz hat viele spanische Betriebe wachgerüttelt. Eine Liberalisierung sämtlicher Strukturen war und ist bitter notwendig. Der Enthusiasmus über die Aufnahme in die Gemeinschaft ist aber einer ernsthaften Prüfung der wirtschaftlichen Auswirkungen gewichen.

Hat Spanien die Katze im Sack gekauft? Wurden die spanischen Standpunkte in den hastigen Aufnahmeverhandlungen genügend verteidigt? Es zeigt sich unmissverständlich, dass dem nicht so war. Für Spanien waren die Aufnahmebedingungen hart. Die Anpassungszeiten, respektive der schrittweise Zollabbau geschieht für Spanien zu langsam, während im Gegenzug Madrid in den nächsten drei Jahren 52,5% der Zölle abgebaut haben wird. Hier fordern die Spanier zu Recht eine Flexibilisierung der Zollvereinbarungen. Zudem fürchten die spanischen Unternehmer den Brückenkopf Portugal, das günstigere Bedingungen ausgehandelt hat und den EG-Multis als «Trampolin» für das Übersetzen auf den spanischen Markt dienen könnte. Vieles spricht dafür, denn Portugal könnte infolge der niedrigen Lohnstruktur so etwas wie ein Hongkong Europas werden.

Für Spanien hat die EG zunächst wirtschaftliche Ungleichgewichte geschaffen, die schleunigst korrigiert werden müssen. Angesichts der bisherigen Entwicklung wundert es nicht, dass die Unternehmer die Regierung González zu raschem Handeln auffordern. Die verlorengegangene Wettbewerbsfähigkeit der spanischen Wirtschaft muss dringend verbessert werden. Viele Exporteure rufen nach einer Abwertung der Peseta. Eine solche währungspolitische Massnahme wäre konsequent. Heute sind die spanischen Produktionskosten unverhältnismässig hoch, und bevor der Arbeitsmarkt und das Finanzsystem nicht weiter liberalisiert sind, werden Investitionen nur schwerlich getätigt. Bis vor kurzem stand eine Peseta-Abwertung nicht zur Diskussion, da die Zahlungsbilanz angesichts der starken Einnahmen aus dem Tourismus und infolge der niedrigen Erdölpreise einen neuen Rekordüberschuss auswies. Im September erreichten die Devisenreserven den Höchststand von 434,5 Mrd. Ptas.

Trotzdem muss die Regierung handeln, will sie an den angekündigten Wirtschaftszielen festhalten. Denn ob die Verringerung der Arbeitslosigkeit, die Halbierung der Inflation auf 4% im nächsten Jahr, das Wachstum des BIP um 3,5% und die Herabsetzung des Staatsdefizits auf höchstens 4% des BIP nur durch eine konsuminduzierte Wirtschaftspolitik zu erreichen sind, bleibt mehr als fraglich. Zudem zeichnet sich zurzeit in Spanien eine Rezession ab, die gefährliche Konturen annehmen könnte, falls die Entscheidungsträger noch länger untätig zuschauen.

Baskisches Labyrinth

(Kommentar vom 6. Dezember 1986)

Erwartungsgemäss haben im spanischen Baskenland die Wahlresultate vom letzten Wochenende komplexe Verhältnisse geschaffen. Die Sozialisten errangen eine sehr dünne Mehrheit und etablierten sich mit achtzehn Mandaten als stärkste Partei im Regionalparlament, dicht gefolgt von den Nationalisten des Partido Nacionalista Vasco (PNV), die mit siebzehn Sitzen auf den zweiten Platz zurückfielen. Der PNV bezahlt einen hohen Preis für interne Querelen, die zur Aufsplitterung des nationalistischen Lagers geführt haben und den vorübergehenden Verlust ihrer traditionellen Hegemonie im Baskenland bedeuten. Sie sind in erster Linie die Verantwortlichen der neuen politischen Pattsituation, welche die Regierbarkeit des Baskenlandes in Frage stellen.

Der Bruderzwist des PNV führte kurz vor den Wahlen zur hastigen Gründung einer neuen nationalistischen Partei. Diese Eusko Alkartasuna (EA, Baskische Solidarität) wird vom früheren baskischen Regierungschef Carlos Garaikoetxea angeführt und verfügt auf Anhieb über vierzehn Mandate. Garaikoetxea gilt zu Recht als der Sieger des heiklen Urnengangs; aber auch die anderen nationalistischen Parteien konnten ihre Positionen beachtlich verbessern. Die Baskische Linke (Euskadiko Ezquerra), die einen gemässigten Nationalismus verfolgt, erhielt 50% mehr Stimmen. Besorgniserregend ist die Mandatszunahme der Separatistenpartei Herri Batasuna, die als politischer Arm der Terrorgruppe ETA gilt und neu mit dreizehn Abgeordneten ins Parlament einzieht. Ihre Stimmenzunahme lässt auf eine gefährliche Radikalisierung der baskischen Gesellschaft schliessen.

70% der Wähler stimmten gesamthaft nationalistisch, nur 30% der Stimmen entfielen auf gesamtspanische Parteien, fast nur auf die Sozialisten. Die restlichen Landesparteien erlebten ein Fiasko, insbesondere Fraga Iribarnes Konservative, die seit geraumer Zeit in einer tiefen Krise stecken. Fraga hat denn auch kurz nach den Wahlen seine Demission als Parteichef und Oppositionsführer eingereicht und ist mit diesem spektakulären Schritt dem wachsenden internen und externen Druck nachgekommen. Die Verdienste Fragas in den Übergangsjahren von der Franco-Diktatur zum spanischen Mehrparteienstaat sind gewichtig, er vermochte die extreme Rechte von der demokratischen Notwendigkeit zu überzeugen. In den letzten zehn Jahren war Fraga eine dominierende Persönlichkeit des politischen Alltags. Mit ihm verlässt zweifellos eine Leitfigur die politische Bühne des Landes; sein Abgang bietet aber auch die Möglichkeit zur gründlichen Umstrukturierung der spanischen Rechten, die mit Fraga an der Spitze keine Chancen hatte, die Sozialisten zu besiegen.

Alles in allem bleibt das Baskenland die Schwachstelle der spanischen Demokratie. Diese Region wird immer mehr zur Bewährungsprobe für den gesamten spanischen Staat. Die Zukunft im politisch und wirtschaftlich wichtigen Norden Iberiens ist ungewiss. Um eine Koalitionsregierung zu ermöglichen, müssten die Sozialisten staatsmännisches Format zeigen und auf den Sessel des Regierungschefs verzichten. Ansonsten kann der minimale Konsens mit einer nationalistischen Fraktion kaum gefunden werden. In jedem Fall werden die Verhandlungen über die Regierungsbildung kompliziert verlaufen.

Es ist deshalb anzunehmen, dass schon bald Neuwahlen ausgeschrieben werden, weil die zentrifugalen Kräfte nicht in der Lage sind, die politische Situation des Baskenlandes zu klären. Das baskische Labyrinth bleibt intakt: Obwohl der jüngste Urnengang unmissverständlich zeigt, dass der Nationalismus dominiert, verhindert das Parteiengemenge eine stabile politische Mehrheit, die eine handlungsfähige Regierung unterstützen könnte. Dies aber hätte oberste Priorität für das Baskenland wie für ganz Spanien. Die Zerstückelung des PNV als bürgerlich-nationalistische Partei, welche den Extremismus verurteilt, hat möglicherweise gravierende Konsequenzen. Man kann nur hoffen, dass das Baskenland zu stabilen Verhältnissen (zurück)findet.

Gespräch mit dem spanischen Wirtschaftsminister Carlos Solchaga

Die Investitionen in Spanien werden zunehmen

(Interview vom 11. Februar 1987)

Seit genau einem Jahr ist Spanien Mitglied der Europäischen Gemeinschaft. Das Land hat in der EG einen Rahmen gefunden, der neue Entwicklungs- und Modernisierungsmöglichkeiten für die spanische Wirtschaft eröffnet. Zweifelsohne trägt die EG-Zugehörigkeit dazu bei, den spanischen Demokratisierungsprozess weiter zu konsolidieren. Die sozialistische Regierung unter Premier Felipe González hat in den letzten Jahren eine pragmatische, ja sogar liberale Wirtschaftspolitik durchgesetzt, die erste Erfolge zeitigt, obwohl noch viele Probleme ungelöst bleiben. Über die Entwicklung Spaniens unterhielt sich «Finanz und Wirtschaft» mit Wirtschaftsminister Carlos Solchaga, der in der Regierung eine Schlüsselposition einnimmt. Solchaga, der eher im liberalen Flügel der Partei einzuordnen ist, kam in den vergangenen Wochen – gerade wegen seiner Masshaltepolitik – immer wieder unter heftigen Beschuss aus den Reihen der Parteibasis und der Gewerkschaften. Solchaga will die Arbeitsgesetzgebung schnell liberalisieren, worin er eine Vorbedingung für die erfolgreiche Bekämpfung der Arbeitslosigkeit sieht. Die Gewerkschaften wollen davon nichts wissen und gehen auf Konfrontationskurs mit der Regierung. Grössere Arbeitskonflikte sind für dieses Jahr nicht auszuschliessen.

Herr Solchaga, seit genau einem Jahr ist Spanien Vollmitglied der EG. Die Handelsbilanz mit der EG per Ende 1986 ist für Spanien alarmierend. Aus einem traditionellen Handelsüberschuss mit der Gemeinschaft ist ein Handelsdefizit von 140 Mrd. Ptas. entstanden. Wie erklären Sie sich diese Entwicklung?

Wir sind überzeugt, dass sich dieses Ungleichgewicht in den nächsten Jahren von selbst korrigieren wird. Das diesjährige Ergebnis ist nicht so alarmierend. Mit dem Eintritt Spaniens in die EG sind verschiedene frühere Administrativbestimmungen, wie zum Beispiel die Importlizenzgenehmigung, aufgehoben worden. Die Importlizenzen dienten oft als Bremsmechanismus. Zudem sind viele Zollpositionen abgebaut worden, und dies hat zusammen mit einer sehr starken Inlandnachfrage die Einfuhren begünstigt. Ebenfalls zu berücksichtigen ist die Tatsache, dass im letzten Jahr nicht nur aus dem EG-Raum mehr importiert wurde. Auch aus anderen Weltmärkten wurde mehr eingeführt, weil die Käufer von günstigeren Weltmarktpreisen, zum Beispiel für Erdöl, profitieren wollten. Selbstverständlich werden wir uns aber intensiv bemühen, unsere Exporte zu fördern. Die Regierung erarbeitet momentan ein Exportförderungs-Programm, das auch den kleinen und mittleren Betrieben helfen soll, ihre Präsenz in der EG und anderen Märkten zu festigen und auszubauen.

Vor kurzem haben Sie gesagt, dass die spanische Währung gesund sei. Rekorddevisen-Bestände, eine abnehmende und gut strukturierte Auslandverschuldung sowie eine erfreuliche Zahlungsbilanz sprechen für eine starke Peseta. Anderseits verlieren die spanischen Exporteure an Wettbewerbsfähigkeit. Kommt für Sie eine Peseta-Abwertung in Frage?

Grundsätzlich sehe ich keine Veranlassung für eine Abwertung der Peseta. Eine Abwertung zur Verbesserung der spanischen Wettbewerbsfähigkeit halte ich für ausgeschlossen. Die Regierung wird in diesem Sinne keine Massnahmen treffen. Schliesslich wäre eine solche Massnahme eine kurzfristige Rechnung, denn die Inflation würde angeheizt und die Importe würden teurer, was sich wiederum auf unsere Ausfuhren auswirken würde. Ich bin überzeugt, dass wir uns einen schlechten Dienst erweisen, wenn wir sukzessive die Zölle abbauen – wie dies ja mit Brüssel vereinbart worden ist – und gleichzeitig die Peseta abwerten. Die Regierung setzt alles daran, spanischen Firmen die EG-Zugehörigkeit als Herausforderung für ihre eigene Unternehmensleistung verständlich zu machen. Wir stimulieren Unternehmer und Arbeitnehmer zum Masshalten in ihren Forderungen, damit die Wettbewerbsbedingungen möglichst intakt bleiben.

Man wirft Ihrer Regierung vor, sie zeige zu wenig Budgetdisziplin. Nimmt das Haushaltsdefizit weiter zu?

Nein, das Defizit nimmt ab. In Wirklichkeit stieg das Defizit der öffentlichen Hand zwischen 1980 und 1982 von 2,5 auf 6% des Bruttoinlandprodukts. Für 1986 beträgt das Kassendefizit 4,5% des BIP, und in diesem Jahr wird es auf 4% abgebaut. Diese Tendenz setzt sich fort.

Die spanischen Börsen sorgen für Schlagzeilen. Die ausländischen Investitionen haben in Spanien vergangenes Jahr beachtlich zugenommen. Rechnen Sie für dieses Jahr mit einem ähnlichen Resultat?

Zweifelsohne werden die ausländischen Investitionen auch in diesem Jahr zunehmen; noch ist allerdings schwer abzuschätzen, in welchem Umfang das geschehen wird. Hingegen bestätigt sich der Trend, wonach Spanien zu einem der wichtigsten Anlageziele nicht nur der europäischen, sondern generell für international aktive Investoren wird.

In den letzten Monaten hörte man immer wieder von Schwierigkeiten im spanischen Bankensektor. In Fachkreisen munkelt man, einige Grossbanken seien angeschlagen. Kann man von einer eigentlichen Bankenkrise sprechen?

Ich glaube nicht, dass man heute noch von einer Bankenkrise in unserem Land sprechen kann. Es ist wahr, dass es grosse Schwierigkeiten gegeben hat. Es darf indes festgestellt werden, dass diese nun überwunden sind und dass die Banken zuversichtlich in die Zukunft blicken.

Wird die Zukunft nicht Zusammenschlüsse notwendig machen, um gegenüber der ausländischen Konkurrenz bestehen zu können?

Es ist wahr, dass die Bilanzsumme der spanischen Grossbanken im Vergleich mit französischen, englischen oder auch italienischen Bankinstituten relativ klein ist. Nichtsdestoweniger gilt es aber, genauestens zu prüfen, ob durch Bankenzusammenschlüsse die Konkurrenzfähigkeit erhöht werden kann. Zurzeit bereiten mir die hohen Umsetzungskosten und die überdimensionierte Infrastruktur der spanischen Banken mehr Sorge. Viele Banken unterhalten ein kostspieliges Netz von Luxusfilialen, die unproduktiv arbeiten. Wenn es gelingt, diese Kosten zu vermindern, dann bin ich überzeugt, dass die spanischen Banken der europäischen Konkurrenz standhalten können.

Sie haben Ende Dezember weitere Massnahmen eingeleitet, um die Liberalisierung des spanischen Finanzsystems voranzutreiben. Geht es zügig weiter?

Effektiv ist dies der Fall. Wie Sie wissen, können nun auch spanische Anleger Investitionen im Ausland tätigen. Der Sparer kann Einlagen in Devisen halten, auch wenn er momentan, angesichts des herrschenden Vertrauens in die spanische Währung, nicht einen zu grossen Gebrauch davon macht.

In bezug auf das Europäische Währungssystem ist unsere Haltung eine abwartende. Gemäss den Brüsseler Vereinbarungen haben wir bis 1989 Zeit, um uns an das EWS anzuschliessen. Und offen gestanden spüre ich keine grosse Eile, diesen Zeitplan zu verkürzen. Angesichts eines schwachen Dollars ist anzunehmen, dass die Friktionen innerhalb des EWS zunehmen werden. Auch ist die Funktionstüchtigkeit des EWS nicht einwandfrei. Selbstverständlich werden wir uns einmal anschliessen. Aber, wie gesagt, ohne Eile.

Spanien hat mit 20% die grösste Arbeitslosenrate der EG. Ihre Regierung scheint nur darauf bedacht, die Arbeitslosenstatistik zu korrigieren. Experten schätzen, dass ohne eine BSP-Zunahme von mindestens 4% die Arbeitslosigkeit in Spanien nicht verringert werden kann. Wie geht es weiter?

Sicherlich ist ein Wirtschaftswachstum um 4% eine gute Ziffer, um die Arbeitslosigkeit substantiell zu verringern. Wir haben im letzten Jahr vermutlich bloss ein 3%iges Wachstum des BSP gehabt, und die Arbeitsstellen sind um 2% erhöht worden. Trotzdem hat sich das Phänomen der Arbeitslosigkeit stabilisiert, das heisst, die Unterbeschäftigung konnte nicht verringert werden. Der Grund für diese Entwicklung liegt einerseits in einem grösseren Angebot an Arbeitskräften. Es ist aber nicht so, dass sich die Regierung nur darauf beschränkt, die Statistikwerte zu korrigieren. Die Regierung ist über das Ausmass der Arbeitslosigkeit besorgt. Wir haben im letzten Jahr eine hochinteressante und gründliche Erfassung der Arbeitslosensituation durchgeführt. Daraus wird klar, dass jeder dritte sogenannte Arbeitslose sein Auskommen in der Untergrundwirtschaft findet. Bestimmt ist diese Situation kein Trost für die Regierung. Eines ist aber sicher: Mit 20% der Arbeitsbevölkerung ohne Stelle wäre die soziale Spannung in unserem Land unerträglich. Dies ist aber keineswegs der Fall. Im weiteren ist das Problem der Arbeitslosigkeit nicht nur spanisch, es herrscht in ganz Europa, und ich sehe leider keine Möglichkeit für rasche Lösungen. Die Arbeitslosigkeit wird nur langfristig – etwa in einer Zeitspanne von zehn Jahren – gelöst werden können. Wir sind aber bestimmt nicht untätig.

Wie beurteilen Sie die hispano-schweizerischen Handelsbeziehungen?

Die Beziehungen mit der Schweiz sind ausgezeichnet. Der Handel nimmt zu, und auch im Investitions- und Finanzierungsbereich gibt es eine beachtliche Zunahme zu verzeichnen. Im Juni werde ich mich hier in der Schweiz mit meinem Schweizer Kollegen treffen.

Trotz allem González

(Kommentar vom 6. Juni 1987)

Am 10. Juni finden in Spanien Gemeinde-, Regional- und Europawahlen statt. Auch wenn nicht mit grossen Überraschungen zu rechnen ist und die Sozialisten ihre solide Mehrheit in der politischen Landschaft Iberiens behalten werden, so gelten diese Urnengänge doch als Bewährungsprobe für die amtierende Regierung unter Felipe González. So wollen es wenigstens die Oppositionspolitiker sehen, von der Linken bis hin zur Rechten.

Nach fünfjährigem Machtrausch sind Abnützungserscheinungen im Lager der Sozialisten sichtbar geworden. Aber was für die Regierungspartei noch schlimmer ist: Sie hat bis heute ihre Wahlversprechen nicht eingelöst, ihre idealistischen Programme nicht verwirklicht. Sie, die in die Regierung einzog, um eine Wende herbeizuführen, hat angesichts einer jämmerlichen Opposition anrüchige Eigenschaften einer ominösen Einheitspartei angenommen. Die Sozialisten wähnen sich heute in der Sicherheit der Alleinherrscher, wohlwissend, dass die konservative Volksallianz, die stärkste Oppositionspartei, heute nicht in der Lage ist, als politische Alternative aufzutreten.

Dass die Konservativen aus den allmählich sichtbaren Schwierigkeiten der Regierung kein politisches Kapital zu schlagen vermögen, ist erstaunlich und bedenklich zugleich; diese Situation ist indes ein unmissverständliches Zeichen ihres eigenen Unvermögens. Für ein gesundes Funktionieren der demokratischen Institutionen wäre es dringend notwendig, dass die Sozialisten einen stärkeren Widersacher hätten, der ihre monolithisch anmutende Macht korrigieren könnte.

Es ist deshalb nicht verwunderlich, wenn González aus seinen eigenen Reihen angegriffen wird: Seit Jahresanfang laufen die Gewerkschaften Sturm gegen die Regierung. In den ersten Monaten dieses Jahres erlebte Spanien die imposantesten Sozialkonflikte seit langem. Arbeitsniederlegungen standen und stehen zum Teil noch auf der Tagesordnung. Aber nicht nur Arbeiter, praktisch alle Gesellschaftsgruppen streiken und gingen ins Rampenlicht der Öffentlichkeit, um gegen die Politik der Behörden zu protestieren. Auch dies ist ein klares Zeichen: Funktioniert das Parlament als Forum der politischen Diskussion nicht mehr reibungslos, so bietet sich eben die Strasse als Ort der Auseinandersetzung an.

Die sozialen Unruhen, Strassenkriminalität und Arbeitslosigkeit haben in den vergangenen Jahren im iberischen Königreich eindrücklich zugenommen. Und eine Besserung ist vorläufig nicht in Sicht. Wirtschaftspolitisch hat die Regierung González ebenfalls Mühe. Die Inflation will nicht weichen und verharrt weiterhin deutlich über dem EG-Durchschnitt. Die Teuerung und die in jüngster Zeit verfolgte Hochzinspolitik behindern indes die Wettbewerbsfähigkeit der spanischen Unternehmer in nennenswertem Mass.

Angesichts der schwerwiegenden Probleme vermittelt die Regierung den Eindruck, am Ende ihres Lateins zu sein. Gleichwohl wird den Wahlen der nächsten Woche kein indikativer Wert zukommen – auch wenn es viele Beobachter so sehen wollen und jenseits des 10. Juni bereits neue Horizonte zu entdecken glauben. Noch einmal muss der Spanier die Faust im Sack machen. Aber schliesslich sind die Sozialisten unter González mit ihrer Realpolitik trotz allem noch erträglich, zumal es vorläufig keine echten Regierungsalternativen gibt. Nur einer profitiert zurzeit von der iberischen Stimmungslage: der frühere Premier Adolfo Suárez. Der Zentrist dürfte weitere Stimmen gewinnen und seiner Partei eine gute Ausgangslage für die nächsten allgemeinen Wahlen verschaffen. Doch die lassen noch lange auf sich warten.

Solchaga im Dilemma

(Kommentar vom 21. Oktober 1987)

Die spanische Regierung steht in der Festlegung ihrer unmittelbaren Wirtschaftspolitik vor einem Dilemma. Einerseits bestätigen die meisten makroökonomischen Indikatoren ein Aufblühen der Wirtschaftstätigkeit. Die Devisenreserven des Landes haben einen Höchststand erreicht, die Inflation dürfte bis Ende Jahr auf 5% sinken. Die spanische Auslandverschuldung ist nicht bedeutend und gut strukturiert. In diesem Umfeld haben auch die ausländischen Investitionen massiv zugenommen.

Das Resultat dieser Entwicklung ist bestimmt erfreulich. Die Peseta zeigt ungewohnte Stärke, und das Bruttoinlandprodukt wächst gegenwärtig erstmals seit 1973 um 4%. Trotzdem bleiben einige Klecks im Wirtschaftsreinheft der Regierung González: So ist die Arbeitslosigkeit mit 20% aller Erwerbstätigen nach wie vor ein gravierendes Problem. Seit dem EG-Beitritt Spaniens hat sich die Handelsbilanz konstant verschlechtert und im ersten Halbjahr 1997 einen besorgniserregenden Stand erreicht. Während die Ausfuhren nur um rund 7% zunahmen, stiegen die Importe um 40%.

In der einheimischen Unternehmerschaft werden seit kurzem Stimmen laut, die vor einer Überschwemmung Spaniens mit Billigprodukten aus dem EG-Raum warnen. In der Tat bestehen die Einfuhren hauptsächlich aus Konsumartikeln und weniger aus Investitionsgütern, die Spanien benötigt, um seine zum Teil veralteten Industrieanlagen zu modernisieren. Letzten Endes sind auch die Exportunternehmer mit der jetzigen Wechselkurspolitik der Sozialisten nicht zufrieden. Angesichts einer überbewerteten Peseta klagen sie über eine schwindende Wettbewerbsfähigkeit auf den internationalen Märkten.

Der Unternehmer fühlt sich heute besonders bedrängt, obwohl die konjunkturelle Entwicklung Spanien derzeit zu begünstigen scheint. Der Patron steht indes unter dem Zwang, seinen Betrieb zu modernisieren, um der EG-Konkurrenz Paroli zu bieten. Er muss verlockende Übernahmeangebote von ausländischen Multis abschlagen, will er seine Eigenständigkeit wahren. Und dies fällt schwer, da er durch zu hohe Steuern, durch teure Betriebskredite und nun auch durch einen exporthemmenden Pesetakurs ganz klar benachteiligt ist.

Wirtschaftsminister Carlos Solchaga pokert in dieser Situation an verschiedenen Fronten. Zum einen will er eine starke Währung gerade jetzt, da die Zahlungsbilanz des Landes positiv ist. Die reichlich ins Land fliessenden Kapitalien sollen dazu beitragen, dass der Bedarf an ausländischen Ausrüstungsgütern gedeckt und die spanische Industrie auf das Jahr 1992 vorbereitet werden kann. Bekanntlich werden dann innerhalb der EG die Zollbarrieren aufgehoben, weshalb den spanischen Unternehmern wenig Zeit verbleibt, um sich für die Herausforderung zu rüsten. Anderseits setzt Solchaga auf ein auch konsuminduziertes Wachstum und die Aufrechterhaltung des Vertrauensklimas, welches den ausländischen Investoren Spanien als gutes Anlageobjekt präsentiert.

So weit, so gut. Nur fragt sich, wie lange Spaniens Wirtschaftsminister diese Politik durchhalten kann angesichts der rapiden Verschlechterung der Handelsbilanz. Es fragt sich auch, ob der Kurssturz an den internationalen Börsenplätzen, der auch die Haussestimmung in Madrid vorläufig gebrochen hat, als erstes Signal für ein leises Abdriften des bisherigen Wirtschaftskurses zu interpretieren ist. In den nächsten Monaten werden jedenfalls entscheidende Weichen für die Wirtschaftspolitik Spaniens gestellt.

Ein Kampf ums Überleben

(Kommentar vom 27. Januar 1988)

Nur wenige Wochen nach dem gescheiterten Versuch, den Koloss Banco Español de Credito (Banesto) zu übernehmen, gelingt Banco de Bilbao jetzt ein freundschaftlicher Schulterschluss mit dem Banco de Vizcaya. Banco de Bilbao hat also doch noch eine Braut gefunden – deren Mitgift nicht zu unterschätzen ist. Überrascht haben nicht nur der Zeitpunkt und die Schnelligkeit, mit welcher hier ein zweiter Fusionspartner geortet wurde, sondern auch die Abkehr von der bisher in der spanischen Bankenwelt geltenden Formel, wonach die kleineren, effizient und straff geführten Institute die schwerfälligen Kolosse zu schlucken hätten, um diesen und der gesamten Branche neue Impulse zu verleihen.

Die nun beschlossene Zusammenlegung der beiden baskischen Finanzinstitute ist in erster Linie ein Erfolg für den Präsidenten von Bilbao, José Angel Sanchez Asiain, ein brillanter Intellektueller, der seit langem für die iberische Bankenkonzentration eintritt. Die Übereinkunft mit Vizcaya, einer gleich grossen und nach modernen Grundsätzen geführten Bank, verdeutlicht die konsequente Haltung Sanchez Asiains, der vor der persönlichen Ambition die Verwirklichung seiner These von international aktiveren spanischen Banken verfolgte. Dass sich die spanischen Kreditinstitute im Hinblick auf den bis 1992 zu schaffenden gemeinsamen Markt etwas einfallen lassen müssen, ist nicht zu widerlegen. Das Beispiel Bilbao/Vizcaya dürfte daher in den nächsten Monaten Schule machen. Anstatt sich wie bisher bis aufs Messer zu bekämpfen, werden die verbleibenden fünf der «sieben Grossen» krampfhaft nach gemeinsamen Berührungspunkten suchen. Weitere Fusionen sind zu erwarten.

Gespannt dürfte man vor allem auf die Initiativen von Banco de Santander sein, einem traditionsreichen Familienunternehmen, das sich an modernen Managementkriterien orientiert. Folgt es dem Vorbild Bilbao/Vizcaya, so müsste die nächste Eheanbahnung in der spanischen Bankenwelt Santander/Popular heissen. Eine solche Entwicklung würde aber die Gefahr einer starken Polarisierung unter den spanischen Grossbanken mit sich bringen: Die schwerfälligeren Institute wie Banesto, Central und Hispano wären sozusagen gezwungen, Zusammenschlüsse unter ihresgleichen zu suchen. Sie stünden somit vor schier unlösbaren Problemen.

Die nun eingeleitete Bankenkonzentration symbolisiert eine neue Epoche in der spanischen Finanzwelt. Aus der Zusammenlegung von Bilbao und Vizcaya wird das grösste Finanzinstitut entstehen, das ein bedeutendes wirtschaftliches Potential in praktisch allen Sektoren des Landes hat. Die Kundeneinlagen der beiden Institute übersteigen 2,25 Bio. Ptas. (27 Mrd. Fr.). Die nach dem Zusammenschluss erreichte Grösse erlaubt der neuen Bank, auch international konkurrenzfähig und autonom zu bleiben. Der Klub der sieben Grossen fängt somit an, die Herausforderung, die sich aus der fortschreitenden Globalisierung der Weltwirtschaft stellt, ernst zu nehmen. Die bisherigen Grossen in der spanischen Bankenwelt werden in diesem Prozess einen Teil ihrer Eigenständigkeit verlieren. Auch aus dieser Sicht ist die angelaufene Bankenkonzentration ein Kampf ums Überleben.

González als EG-Galionsfigur

(Kommentar vom 19. Oktober 1988)

Auf Einladung des Bundesrates wird der spanische Regierungschef Felipe González diesen Mittwoch zu einem offiziellen zweitägigen Staatsbesuch in der Schweiz erwartet. Die längst vereinbarte Visite hat keineswegs routinemässigen Charakter und verdient aus mehreren Gründen Beachtung. Zum einen ist es das erste Mal, dass ein spanischer Premierminister die Schweiz offiziell besucht, dies obwohl – oder gerade weil – die Beziehungen zwischen Spanien und der Schweiz als problemlos bezeichnet werden. Immerhin streicht man auf beiden Seiten hervor, dass der spanische König Juan Carlos bereits 1979 offiziell in der Schweiz empfangen wurde.

In der Zwischenzeit ist das gegenseitige Interesse gewachsen: Sowohl Madrid wie auch Bern bemühen sich um eine Intensivierung der bilateralen Kontakte. Wenn Mittwochnachmittag die ersten Gespräche zwischen der spanischen Delegation und den Bundesräten Delamuraz, Felber, Cotti, Ogi sowie dem Bundespräsidenten Stich geführt werden, so stehen einige für beide Länder wichtige Fragen auf der Tagesordnung. Abgesehen von internationalen Problemen – wie etwa die Ost-West-Beziehungen – werden gewiss europäische Themen und insbesondere die Haltung der Schweiz zur EG sowie die wachsende Kluft zwischen EG und Efta Arbeitsgespräche ausfüllen.

Felipe González wird seinen Schweizer Gastgebern ein rosiges Bild von Spanien zeichnen: In der Tat präsentiert sich sein Land heute als konsolidierte Demokratie. Die Wirtschaftsleistung der letzten Jahre ist eindrücklich. Im besonderen erfreuen sich die Spanier eines spektakulären Booms an ausländischen Investitionen, die nicht zuletzt aus der Schweiz kommen; Schweizer sind traditionelle Investoren im iberischen Königreich. Zweifelsohne gibt es auch Kleckse im Wirtschaftsreinheft der sozialistischen Regierung, die seit über sechs Jahren in Madrid souverän waltet und schaltet. Einer davon ist die nach wie vor hohe Arbeitslosigkeit. Gerade Premierminister González verkörpert in seiner Person die von den Sozialisten eingeleitete Wende in der spanischen Politik. Obwohl jene Wende sozialpolitisch keinen durchschlagenden Effekt hatte, kann man nicht verneinen, dass die Sozialisten dem Land politische Stabilität verliehen haben.

Ungeachtet eines gewissen Machtverschleisses bestimmt die sozialistische Mehrheit das politische Leben des Landes. Die Opposition ist nach wie vor unfähig und ohnmächtig, sich als Alternative zu positionieren. Der Premier wird zudem 1989 die EG-Präsidentschaft innehaben und bereitet sich schon seit Monaten leidenschaftlich auf dieses Amt vor. Spanien gilt unter den EG-Mitgliedstaaten als freudiger Verfechter der europäischen Integration – und zwar auf allen Ebenen. Für die Schweizer Gastgeber ist somit dieser Besuch eine gute Gelegenheit, dem spanischen Gast und nächsten EG-Präsidenten die Sonderstellung der Eidgenossenschaft eingehend zu erörtern. Gerade nach dem bundesrätlichen Europabericht sollte Bern ja daran interessiert sein, sämtliche Liberalisierungs- und Kooperationsmöglichkeiten gegenüber der Brüsseler Gemeinschaft auszunutzen. Das EG-Binnenmarkt-Programm hat heute endgültig die Schwelle der Irreversibilität überschritten – da kann es unter Wahrung schweizerischer Partikularismen nur von Nutzen sein, gegenüber der EG-Hauptstadt und den einzelnen EG-Mitgliedern jene Europafähigkeit zu signalisieren, die eben wirtschaftspolitische Unstimmigkeiten verhindern soll.

Nicht zuletzt ist dieser Besuch eine gute Gelegenheit, um die hispano-schweizerischen Handelsströme, die vorläufig keine hohen Wellen schlagen, wenigstens mit neuen Absichtserklärungen zu beleben. Erwähnenswert ist, dass die Schweizerische Zentrale für Handelsförderung parallel zum Staatsbesuch ein technisches Symposium in Madrid durchführt. González wird davon einen Abriss auf dem Mustermesse-Gelände in Basel zu sehen bekommen – das ist Arbeitstourismus als Beispiel einer praktisch verstandenen Europapolitik. Auch unter diesem Gesichtspunkt ist der Besuch von Premier González ein wichtiges Ereignis.

Denkzettel für González

(Kommentar vom 17. Dezember 1988)

Sicherlich: Der als historisch bezeichnete Generalstreik vom Mittwoch, der das Land 24 Stunden lang lahmlegte, ist ein eindrücklicher Erfolg für die Gewerkschaften. Der sozialistischen Regierung von Felipe González ist ein Denkzettel verpasst worden, der die Exekutive zur Überprüfung festgefahrener Positionen zwingt. Und genau das war die Absicht der Gewerkschaften, die am Tag danach merklich aufatmeten, als überall auf der Halbinsel die Arbeit wieder normal aufgenommen wurde.

Der Ausstand blieb damit eine konzentrierte und gezielte Aktion, die in erster Linie als Protest gegen die Wirtschaftspolitik der Regierung verstanden sein wollte. Die hohe Beteiligung am Streiktag hat Gewerkschaften und Regierung gleichermassen überrascht und müsste sämtlichen politischen Parteien zumindest als Denkanstoss dienen. Denn eines hat dieser 14. Dezember eindeutig offengelegt: das tiefe Unbehagen in der Bevölkerung über die just sechs Jahre dauernde – überhebliche – Alleinherrschaft der Sozialisten. Eine wachsende Unzufriedenheit manifestiert sich aber auch über die Opposition, die ein klägliches Dasein fristet. Breite Schichten der Bevölkerung fühlen sich zu Recht politisch verwaist. Anders ist der Erfolg der Gewerkschaften nicht zu erklären, wenn man bedenkt, dass nicht einmal ein Fünftel sämtlicher Arbeitnehmer in Spanien gewerkschaftlich organisiert ist.

Beide Seiten sind sich im Grunde bewusst, dass sie miteinander einen Dialog führen müssen. Ob dieser Erkenntnis ist die Frage natürlich müssig, warum dieser Streik überhaupt provoziert wurde. Die Folgerichtigkeit der verhärteten Positionen in beiden Lagern ist bestimmt eine dürftige Erklärung, um einen Präzedenzfall zu rechtfertigen, der das Land eine Unsumme gekostet hat und de facto den Weg zu einem gefährlichen Konfliktpotential öffnet. Denn mit grösseren Unruhen hat die Regierung in den nächsten Monaten zu rechnen, falls sie nicht rasch eine Kurskorrektur in ihrer Politik vollzieht. Darunter ist aber keinesfalls eine Abkehr vom bisherigen erfolgreichen Wirtschaftskurs zu verstehen, wie dies ja die Gewerkschaften und insbesondere deren Führer Nicolas Redondo fordern. Die Regierung darf und wird diesen Fehler wohl kaum begehen.

Gemeint ist vielmehr die Notwendigkeit einer stärkeren Zuwendung zum einfachen Bürger: Volksnähe ist gefragt, um auch dem kleinen Mann zu erklären, warum die Forderungen der Gewerkschaften – einige sind sicherlich legitim – in ihrer Gesamtheit ruinöse Folgen für das Land hätten. So muss die Regierung dringend ihre Wirtschaftspolitik besser artikulieren. Bei dem Generalstreik ging es nämlich nicht um einen Interessenkonflikt zwischen Arbeitnehmern und Arbeitgebern: Es ging um Personen und um ideologische Standortbestimmungen. Redondo versteht sich seit längerer Zeit als Verkünder einer reinen Lehre, der seine in der Regierung sitzenden Gesinnungsbrüder um jeden Preis wieder auf den Pfad der sozialistischen Tugend bringen will. Damit geht er auf Konfrontationskurs mit dem nach wie vor unbestrittenen Leader der Partei, mit Premier Felipe González. Redondo hat immer wieder versucht, die Regierung unter Druck zu setzen. Premierminister González hat aber unmissverständlich gezeigt, dass er sich nicht erpressen lässt. In einer Partei, deren Maxime die Disziplin ist, dürfte der jüngste Streik unweigerlich Konsequenzen haben – und die Gewerkschaft Redondos gehört zur sozialistischen Familie. Es wäre nicht verwunderlich, wenn er in den nächsten Monaten die Zeche für seinen inszenierten Streik bezahlen müsste. Sein Sturz scheint vorprogrammiert, auch wenn er zunächst mit dem Erfolg des Generalstreiks der Regierung eine mächtige Ohrfeige verpasst hat.

Dessenungeachtet ist der Regierungschef unter Zugzwang geraten. Er muss gar an Generalwahlen denken und den Dialog suchen. Ersteres kommt ihm ungelegen, denn im nächsten Halbjahr übernimmt Spanien die EG-Präsidentschaft, auf die sich González besonders vorbereitet hat. Aber alles in allem und trotz der jüngsten Missfallens-Kundgebung des Volkes scheint González unverwundbar, wenigstens bis auf weiteres.

Peseta – quo vadis?
(Kommentar vom 28. Januar 1989)

Um es gleich vorwegzunehmen, die spanische Peseta ist gegenwärtig überbewertet: In den vergangenen Jahren hat sich die Währung von einer weichen zu einer recht stabilen Valuta gemausert. Die letzten Monate unterstrichen diese Position der relativen Stärke: Die Peseta überraschte immer wieder durch Sprünge nach oben. Angesichts der wachsenden Dollar-Euphorie, aber vor allem wegen des alarmierenden Handelsdefizits, das nunmehr mit umgerechnet knapp 20 Mrd. Fr. rund 5% des BIP ausmacht, stellt sich mehr und mehr die Frage, wohin die Peseta steuert. Besorgte spanische Exportunternehmer, aber auch die Gewerkschaften fordern von der Regierung eine andere Währungspolitik.

Zum besseren Verständnis der heutigen Situation muss man in der Wirtschaftsgeschichte Spaniens etwas zurückblättern: Die letzte spektakuläre Peseta-Abwertung fand 1982 statt – just nach der Regierungsübernahme durch die Sozialisten. Jene Abwertung läutete den Beginn einer Austeritätspolitik ein, die der Bekämpfung der Inflation erste Priorität einräumte. Begünstigt durch die internationale Konjunkturlage trug die zielstrebige Wirtschaftspolitik spätestens 1985 ihre Früchte. Die makroökonomische Entwicklung konnte in wichtigen Bereichen in positive Bahnen gelenkt werden: Es gelang, die Inflation auf 4,7% einzudämmen. Das BIP wuchs in den letzten zwei Jahren um 5%. Aber noch wichtiger: Das zuerst konsuminduzierte Wachstum, welches eine bis heute anhaltende Importlawine verursachte, zwang die Unternehmer zu erhöhten Investitionen: 1988 betrug die reelle Investitionssteigerung volle 14%. Während dieser Zeitspanne war die Regierung verständlicherweise an einer starken Peseta interessiert, um das Wachstum nicht zu bremsen und die Investitionsgüter aus dem Ausland günstig einkaufen zu können. Parallel dazu erwirtschaftete das Land Jahr für Jahr Rekordeinnahmen aus der Tourismusindustrie. Die ausländischen Kapitalinvestitionen nahmen ebenfalls stark zu, nicht zuletzt wegen der moderaten Wirtschaftspolitik der Sozialisten und der stabilen Peseta. Soweit steht alles zum besten.

Die Kehrseite der Medaille ist jedoch etwas hässlicher. Die Schere zwischen galoppierender interner Staatsverschuldung und gefährlichem Handelsbilanzdefizit einerseits sowie dem Leistungsbilanzüberschuss anderseits schliesst sich immer mehr. Der Handlungsspielraum der Regierung wird demnach kleiner. Hinzu kommt das Problem der hohen Arbeitslosigkeit, die ja indirekt einen ersten schweren Konflikt zwischen Regierung und Gewerkschaften verursacht hat. In einem Land mit über 18% Arbeitslosen ist die augenfällige Vernachlässigung der Exportbranche unverantwortlich.

Freilich, die Regierung wird an der Parität der Peseta nur ungern etwas ändern. Dafür gibt es verschiedene Gründe: Sämtliche Staatsbetriebe sind mit Auslandkrediten verschuldet, eine Abwertung würde sie entsprechend belasten. Kommt hinzu, dass sich auch die spanische Regierung, seit die internationale Zinsspirale in Bewegung geraten ist, im Dilemma der Geld- und Währungspolitik befindet. Sie sieht in einer starken Währung ebenfalls eines der griffigsten Mittel zur Inflationsbekämpfung. Auch wird ihre Hochzinspolitik bis auf weiteres ausländisches Kapital anziehen. Unbestritten bleiben die Vorteile einer stabilen Währung für den gesunden Wirtschaftsgang eines Landes. Aber diese Währung sollte die eigene Wirtschaftsleistung spiegeln und nicht den Zufluss ausländischer Spekulationsgelder. Die Regierung sollte daher den gordischen Knoten durchtrennen, bevor die nächste Rezession anklopft und der Kapitalsegen aus dem Ausland sowieso ausbleibt.

Spanien in Aufbruchstimmung

(Leitartikel vom 8. April 1989)

Am 1. April jährte sich zum fünfzigsten Mal das Ende des Spanischen Bürgerkriegs. Blickt man heute auf das vergangene halbe Jahrhundert spanischer Geschichte zurück, vergleicht man die Zeit der gescheiterten Republik mit der langen Epoche der franquistischen Diktatur und den aufregenden Jahren des friedlichen Übergangs in eine parlamentarisch-demokratische Monarchie, so erkennt man trotz aller Unterschiede signifikante Parallelen: Die Entwicklung Spaniens zeichnet sich durch Diskontinuitäten aus, deren augenfälligste die Diskrepanz zwischen der politischen und der wirtschaftlich-sozialen Verfassung ist.

Wie kaum ein anderer Staat war Spanien stets ein Land der halben Entwicklungen. Schon vor fünfzig Jahren war Spanien ein politisch aufgeklärtes Land – die Wirtschaft war jedoch rückständig und alles andere als international konkurrenzfähig. Gesellschaftlich waren die Spanier traditionalistisch ausgerichtet und in den veralteten Strukturen verhaftet. In den siebziger Jahren sah das Bild dann genau umgekehrt aus: Politisch war Spanien entmündigt, gesellschaftlich und wirtschaftlich aber hatte es sich zu einem modernen Land entwickelt. Erst die Reformen des letzten Jahrzehnts scheinen die Kluft zwischen politischem und sozioökonomischem Entwicklungsstand endgültig eingeebnet zu haben.

Friedvolle Übergangsphase

Welchen Modernisierungsprozess Spanien in den vergangenen fünfzig Jahren durchgemacht hat, spiegelt die Statistik: 1940 waren 51% der arbeitenden Bevölkerung im Agrarsektor tätig; heute sind es nicht einmal 9%. Nach Untersuchungen der OECD sind 68% der Spanier, aufgrund ihrer Ausbildung, ihrer Berufskenntnisse und ihres Einkommens, der Mittelschicht zuzuordnen. Die Demographie des Landes hat in den letzten Jahrzehnten mehr und mehr die Muster einer entwickelten Industrienation angenommen, die Wanderungsbewegungen haben zu hochgradiger Verdichtung der spanischen Bevölkerung geführt, und der Säkularisierungsprozess hat nahezu alle sozialen Schichten erfasst. Wies das Spanien der dreissiger Jahre eine ähnliche soziale Struktur wie Portugal oder die Türkei auf, so ist das Spanien der achtziger Jahre eher mit Frankreich oder Belgien zu vergleichen.

Spanien ist im europäischen Kontext eine der ältesten und traditionsreichsten Nationen; es hat die Weltgeschichte mitgeformt und -geprägt. Das jüngste Kapitel spanischer Geschichte verdient jedoch besondere Beachtung. Im vergangenen Jahrzehnt hat das Land eine politisch friedvolle Übergangsphase durchlaufen, welche zu grosser Hoffnung berechtigt. Zu dieser im ganzen überaus glücklich verlaufenen Demokratisierung hat hauptsächlich das Volk beigetragen: durch Verzicht auf manche Forderungen, durch besonnenes Verhalten, durch Augenmass und politische Reife. Aber nicht nur das Volk, auch die politische Führung hat sich von Anfang an bemüht, eine Spaltung des Landes in zwei verfeindete Lager, in denen sich dann wiederum die zwei Spanien gegenübergestanden hätten, zu verhindern. Dass dies bis heute gelungen ist, ist alles andere als eine Selbstverständlichkeit.

Schweres Erbe

Und noch ein Experiment ist – für viele überraschend – in Spanien geglückt: die Entscheidung, dem König im Demokratisierungsprozess eine tragende Rolle zukommen zu lassen. König Juan Carlos entpuppte sich nicht als anachronistische Notlösung, vielmehr wuchs er mit der jungen Demokratie zusammen und avancierte zum überparteilichen Garanten. In der kurzen Zeit seit Francos Tod gelang es dem König tatsächlich, sich als Integrationsfigur für alle Spanier zu positionieren. Für Spanien ist dies historisch gesehen ein Novum.

Spanien wird heute von Aufbruchstimmung getragen. Der das Land prägende Prozess des Ausgleichs, der allerdings vom ETA-Terrorismus überschattet wird, hat die demokratischen Fundamente gefestigt. Die bürgerliche Mitte-Rechts-Regierung der UCD unter Adolfo Suárez bewerkstelligte den reibungslosen Übergang von der Diktatur zur Demokratie. Nach dem Zerfall der UCD machte 1982 – auch dies ist ein Novum in der spanischen Geschichte – eine rechte Regierung einer linken freiwillig und ebenfalls reibungslos Platz. Kurz zuvor hatte die junge Demokratie einen schwerwiegenden Putschversuch durch unverbesserliche Militärs überwunden.

Die Würfel aber waren längst gefallen: Spanien lechzte nach Reformen; der Weg in die Moderne konnte nicht mehr aufgehalten werden. Die Sozialisten unter Felipe González zogen nach einem berauschenden Wahlsieg mit dem Vorsatz des politischen Wechsels in die Exekutive ein. Wirtschaftlich übernahmen sie ein schweres Erbe. Denn die vorhergehenden Regierungen waren fast ausschliesslich mit der politischen Neuordnung des Landes beschäftigt gewesen und hatten dabei die ökonomischen Aufgaben sträflich vernachlässigt.

Im ersten Jahr ihrer Regierungsverantwortung zeigten die Sozialisten unmissverständlich, dass sie entschlossen waren, die vielbeschworenen faktischen Kräfte (Kirche, Grosskapital, Militär) in die Schranken zu verweisen. Sie präsentierten sich als zukunftsorientierte, verantwortungsbewusste Partei. Mit Recht wurden sie deshalb schon früh als «junge Nationalisten» etikettiert. Die sofortige Peseta-Abwertung und die Enteignung von Rumasa, der grössten privaten Holding des Landes, symbolisierten die Wende. Die Sozialisten bewiesen, dass sie fest entschlossen waren, die Wirtschaftskrise anzugehen. Dies war auch bitter nötig, denn in der Zeitspanne des politischen Übergangs zwischen 1976 und 1982 hatten 50 000 spanische Firmen Konkurs anmelden müssen. 200 000 selbständige Unternehmer wurden arbeitslos; 1 600 000 Arbeitsstellen wurden abgebaut. Erstaunlicherweise gingen die Sozialisten mit viel Pragmatismus und klaren Wirtschaftskonzepten vor. Innerhalb kurzer Zeit entledigten sie sich ihres ideologischen Ballasts und machten die Wirtschafts- und Aussenpolitik zu ihren Domänen.

In der Aufbruchbegeisterung hatte Felipe González seinen Anhängern ein «neues Spanien» versprochen. Er wirkte visionär und verlangte eine moralische Neuorientierung des Landes. Dabei konnte er glaubhaft machen, dass er nach den Denkkategorien eines kritischen Sozialismus vorgehe. Es ging ihm nicht um die Etablierung einer sozialistischen, sondern um den Ausbau einer bürgerlichen, aber gerechten Demokratie.

So weit, so gut. Inzwischen, nach sechs Jahren Alleinherrschaft der Sozialisten, ist klar geworden, dass der moralische Kreuzzug zur Veränderung des Landes auf halbem Weg steckengeblieben ist. Viele der abgegebenen Versprechen wurden nicht eingelöst, und eine wirkliche Wende fand nicht statt. Diese Erkenntnis hat zu einer deutlichen Frustration und zu einem tiefen Unbehagen in breiten Schichten der Bevölkerung geführt. Der als historisch bezeichnete Generalstreik vom 14. Dezember vergangenen Jahres, der das Land 24 Stunden lang praktisch lahmlegte, ist Ausdruck der wachsenden sozialen Spannungen und muss als Denkzettel nicht nur für González, sondern ebenso für die Oppositionsparteien angesehen werden. Diese haben in den letzten Jahren ein klägliches Dasein gefristet und zeigten sich unfähig und ohnmächtig, dem mächtigen Regierungsapparat Paroli zu bieten.

Beginn einer neuen Epoche

Und trotzdem: Spanien schliesst die wirtschaftliche Bilanz der letzten fünf Jahre positiv ab. Das internationale Ansehen des Landes ist gestiegen; das EG- und Natomitglied Spanien erlebt gegenwärtig eine goldene Epoche. Seit 1985 wächst die Wirtschaft überdurchschnittlich: Das Bruttoinlandprodukt stieg 1988 um über 5%; die Jahresinflation konnte in den letzten sechs Jahren von 15 auf 4,7% gedrückt werden. Die Auslandinvestitionen – auch aus der Schweiz – haben explosionsartig zugenommen, was wiederum zu einer aussergewöhnlichen Stärke der Peseta führte. Die Devisenreserven des Landes erreichten schliesslich 1988 einen Rekordstand von über 40 Mrd. $. Alles in allem verheissen die makroökonomischen Indikatoren der spanischen Wirtschaft eine positive Entwicklung, vorausgesetzt, dass die Regierung die nötigen Reformen nicht verpasst.

Die EG-Präsidentschaft im ersten Semester dieses Jahres stellt für Spanien eine weitere Herausforderung dar. Das EG-Binnenmarkt-Programm hat mittlerweile die Schwelle der Irreversibilität überschritten – und Spanien hat dies rechtzeitig erkannt. Als eine der fünf grossen Nationen der EG will es eine aktivere Rolle in der Gemeinschaft spielen. Zudem versteht sich das Land aus historischen und geographischen Gründen als Brückenkopf zu Lateinamerika und zu Nordafrika. Vor allem aber geht es Spanien heute darum, seine Europazugehörigkeit zu manifestieren. Nach den vielen Jahren der diplomatischen Selbstisolierung sind dies Lichtblicke für ein Land, das seine Zukunft nun als Herausforderung und Chance sieht.

Das Neuartige an der momentan herrschenden sozialpolitischen Orientierung ist, dass die Spanier die Zukunft nicht mehr als die Verlängerung der Gegenwart oder gar der Vergangenheit empfinden. 1989 beugt sich der Spanier nur noch über seine Vergangenheit, um ernsthaft die Zukunft gestalten zu können. Und dies wird nüchtern und gleichzeitig entschieden angegangen.

Innenpolitisch könnte das Ende dieses Jahrzehnts mit dem Schlusspunkt der sozialistischen Hegemonie zusammenfallen, sind doch die Verschleisserscheinungen der jetzigen Regierung unverkennbar. Aus diesem Grund wird Premier González alles unternehmen, um die Gewerkschaften bei der Stange zu halten.

Ob er damit bei den nächsten Wahlen die absolute Mehrheit halten kann, ist indes fraglich. Es ist aber nicht minder fraglich, ob es den Zentrums- und Rechtsparteien gelingt, einen homogenen Block gegen den heute regierenden Felipismus zu errichten. Vermutlich werden beide politischen Blöcke gezwungen sein, enger zusammenzuarbeiten, als ihnen lieb ist. Koalitionen sind nicht auszuschliessen, ja sogar wünschenswert, wenn es darum geht, dem Land eine starke, entscheidungsfreudige Regierung zu erhalten.

Das gigantische Projekt des gemeinsamen Marktes wird entscheidenden Einfluss auf die innere Lage Spaniens haben. Madrid versteht sich als einer der treuesten Partner Brüssels. Auf das magische Datum von 1992 bereitet sich das Land mit erstaunlichem Eifer vor. Überhaupt ist dieses Jahr von enormer Wichtigkeit für die Spanier: 1992 – wenn Europa Realität wird – finden in Barcelona die Olympischen Spiele statt. Gleichzeitig wird die 1492 erfolgte Entdeckung Amerikas in Sevilla gefeiert. Das Jahr 1992 markiert für Spanien den Beginn einer neuen Epoche.

Sozialismus for ever?

(Kommentar vom 24. Juni 1989)

Man kann die Ergebnisse der jüngsten Europawahlen in Spanien hochrechnen, wie man will: Der Sieg der Sozialisten ist unbestreitbar. Die bürgerlichen Parteien haben erneut spürbare Verluste erlitten. Die politische Schlappe der nicht links angesiedelten Opposition ist offenkundig. Die hohen Erwartungen der konservativen Volkspartei Fragas (PP) und der Zentristen von Adolfo Suárez (CDS), die angesichts der Verschleisserscheinungen der regierenden Sozialisten schon Morgenluft witterten, sind nicht erfüllt worden.

Dabei haben beide Parteien ihr Bestes versucht: Die ehemalige Volksallianz Fragas ist in Volkspartei umgetauft worden, um die ideologische Öffnung zur Mitte zu symbolisieren. Die Partei bemühte sich auch um neue Gesichter und griff auf Marcelino Oreja zurück, der bis Anfang Mai als Generalsekretär des Europarats amtierte und dann als Spitzenkandidat ins Rennen geschickt wurde. Er scheiterte kläglich. Aber auch das Rezept der Zentristen, sich regional mit der Volkspartei zusammenzutun, ging nicht auf. Die Einbussen des CDS sind gravierend.

Dass die stärksten Oppositionsfraktionen aus den allmählich ersichtlichen Fehlleistungen der Regierung kein politisches Kapital zu schlagen vermögen, ist erstaunlich und bedenklich zugleich, ist aber ein Zeichen ihres Unvermögens. Die Opposition täte gut daran, die Personifizierung der Politik zu vermeiden und ein langfristiges politisches Programm zu erarbeiten – ein Programm, das leider bislang fehlt. Mit überstürzten Halbkoalitionen knapp vor den Wahlen ist wohl auch der einfache Bürger nicht zu überzeugen. Dabei wäre es für ein gesundes Funktionieren der demokratischen Institutionen notwendig, dass die Sozialisten einen stärkeren Widersacher hätten, der ihre monolithisch ausgerichtete Machtausübung korrigierte.

Auch wenn klare Machtverhältnisse in Spanien wünschenswert sind – ein breites Koalitionssystem wie in Italien würde in Madrid zum Fiasko. Dies ist aber zurzeit die einzige Lösung, die der Opposition vorschwebt, um die Sozialisten um Premier González zu entthronen. Zählt man die von den Rechts- und Zentrumsparteien errungenen Stimmen zusammen, so ergibt dies 6 383 827 – fast 130 000 Stimmen mehr als die Sozialisten erhalten haben. Das Problem der Opposition ist ihre Aufsplitterung.

González seinerseits hat in den sieben Jahren seiner Machtausübung die Disziplin der Partei – trotz schwersten Konflikten mit den Gewerkschaften – aufrechterhalten können. Er ist wohl auf längere Zeit der unbestrittene Führer der Partei. Sein Pragmatismus scheint immer mehr zum Leitmotiv dieser Regierung zu werden. Mit seiner klugen Orientierung zur Mitte hin und mit einer moderaten Realpolitik – die sich am stärksten in der Wirtschaft und in der Aussenpolitik manifestiert – hat González der Opposition den Wind aus den Segeln genommen. Der Machtanspruch der Sozialisten, der teilweise in Arroganz ausartet, hat das politische und soziale Leben des Landes durchdrungen.

Die Opposition ist – auch nach diesen jüngsten Europawahlen – in einen tiefen Dornröschenschlaf gefallen – unfähig und ohnmächtig, sich als politische Alternative zu präsentieren. So wie die politische Situation des Landes aussieht, ist in Spanien in den nächsten Jahren zwangsweise mit den Sozialisten zu rechnen. Zu Recht spricht man bereits vom Felipismus. Dabei ist nicht zu übersehen, dass viele unzufriedene Spanier die Faust im Sack machen – aber Felipe ist für sie trotz allem gerade noch erträglich. Die noch florierende Wirtschaft, die europäische Annäherung und ein unbestreitbares Charisma sind die Trümpfe des Regierungschefs. Diese Vormachtstellung wird durch die wenig kohärente Politik der Opposition begünstigt. Die Zusammenfassung aller Rechts- und Zentrumsgruppierungen, einschliesslich der regionalen Formationen, wird ein schweres Stück Arbeit sein. Bis dieser Schulterschluss gelingt, richtet sich Spanien sozialistisch ein.

Der Felipismus
oder die ausgebliebene Reform

(Leitartikel vom 2. September 1989)

Spätestens an den letzten Europawahlen hat sich gezeigt, wie gross die Regenerationsfähigkeit der sozialistischen Regierung ist. Nach dem ersten Septennat präsentiert sich Ministerpräsident Felipe González in gewohnter Siegespose, und das trotz des historischen Generalstreiks vom 14. Dezember des vergangenen Jahres, der das Land lahmlegte und einen noch nicht beigelegten Krach in der sozialistischen Familie provozierte. González gilt – und wähnt sich vermutlich auch – als der junge Cäsar der spanischen Demokratie. Zumindest ist er der unangefochtene Führer seiner Partei und der wohl populärste Politiker Spaniens. Nach fast sieben Jahren zum Teil überheblicher Alleinherrschaft der Sozialisten befindet sich González heute im Zenit seiner Macht. Mit seiner Politik, die pragmatische und autoritäre Züge vereint, hat er in der spanischen Gesellschaft den Begriff des Felipismus entstehen lassen.

Neue politische Kultur

Unter González hat die Hegemonie der Sozialistischen Partei das politische und soziale Leben des Landes vollständig durchdrungen. Die Verhaltens- und Lebensformen des Spaniers haben sich, vermutlich erstmals in der jüngsten Geschichte, grundlegend geändert. Eine neue politische Kultur ist im Entstehen, die eben von diesem unheilvoll anmutenden politischen Personalismus mit seinen typischen populistischen und autoritären Eigenschaften getragen wird. Die Erinnerung an die Ära des Franquismus drängt sich auf. Selbstverständlich gilt dieser Vergleich vor allem der Form und keineswegs dem Inhalt nach: Die franquistische Etappe ist in der spanischen Geschichte ebenso abgeschlossen wie die demokratischen Institutionen fest im Land verankert sind. Und trotzdem warnen Beobachter vor einer Entwicklung, die de facto zu einer Einheitspartei – nach dem mexikanischen Muster des PRI – führen könnte. Begünstigt wurde eine solche Entwicklung gerade durch die Aufsplitterung der Opposition. Die anhaltende Desorientierung der bürgerlichen Parteien ist nach verschiedenen Wahlschlappen besorgniserregend.

Man kann gegenwärtig in Spanien weder von einem Mehrparteien- noch von einem Zweiparteiensystem nach europäischem Muster sprechen. Dazu ist die politische Konkurrenz der Sozialisten zuwenig definiert und zuwenig kompakt. Dabei wäre es für ein gesundes Funktionieren der demokratischen Institutionen notwendig, dass sich ein starker Widersacher herausbildete, der die monopolistische Machtausübung der Sozialisten korrigierte. Denn: Das Phänomen des Felipismus baut sicherlich stark auf der tiefen Identitätskrise auf, welche die Zentrums- und Rechtsparteien seit vielen Jahren durchmachen.

Glaube an die Zukunft

Doch blenden wir zurück: Als am 28. Oktober 1982 der Wirbelwind Felipe González nach einem sensationellen Wahlsieg die Macht für die Sozialistische Partei Spaniens errang – übrigens zum ersten Mal in ihrer über hundertjährigen Geschichte mit absoluter Mehrheit –, wurde die parteipolitische Mitte vollständig aufgerieben, das Gewicht des politischen Konservativismus gefährlich weit nach rechts verschoben. Der damals 40jährige González strahlte während des Wahlkampfs viel Charisma aus. Es war aber gerade seine moralisch ausgerichtete, von Gesinnungsethik geprägte Haltung, welche die Mehrheit der Wähler überzeugte. Es war nicht so, dass es 1982 in Spanien zu einem Linksrutsch kam. Vielmehr überwog in der Bevölkerung der Glaube an eine unverbraucht junge, ehrliche, von optimistischem Zukunftsglauben erfüllte Politikergeneration, die für den allseits proklamierten Wechsel einstand.

Die Felipistas appellierten an Würde und Anstand der Spanier, an einen friedlichen Wandel, an soziale Reformen; ihr Wahlkampf glich einem moralischen Kreuzzug. González ging es nicht um die Etablierung einer sozialistischen, sondern um den Ausbau einer bürgerlichen, um die Errichtung einer gerechten Demokratie. Dabei gab er sich stets unideologisch. Immer wieder betonte er, dass er das Land nicht grundsätzlich verändern, sondern vielmehr dazu beitragen wolle, dass die einzelnen Mitglieder der Gesellschaft zusammenfänden, damit Spanien endlich funktioniere.

Die Felipistas wollten 800 000 Arbeitsplätze schaffen, das Rentenalter kürzen, die Inflation bekämpfen, Preiskontrollen einführen und den Staatsapparat zu mehr Effizienz anspornen. Eindämmen wollten sie ebenso die Skandale einer Ellbogengesellschaft wie die Ungerechtigkeiten des Franco-Regimes. Die Amtshäufung sollte verboten und das Land generell modernisiert werden. Folgende Reformen mussten konkret angepackt werden: Mieter- und Konsumentenschutz, politische Kontrolle der anachronistischen Bürokratie, Umstrukturierung des Gesundheitswesens, Bevorzugung des öffentlichen vor dem privaten Schulsystem, Unterordnung der militärischen unter die Zivilgewalt usw.

Alles in allem ist heute die Bilanz der sozialistischen Regierungstätigkeit positiv, vorwiegend in der Wirtschaft und in der Aussenpolitik. Spanien ist vollwertiges EG- und Nato-Mitglied und hat generell eine bemerkenswerte Entwicklung erfahren, die das Land aus seiner Isolation erlöste. Die eigentliche Reform ist indes ausgeblieben. González hat in den letzten sieben Jahren alles unter Kontrolle gehabt, die Rathäuser, die Regierung, das Parlament, ja gar die Opposition... Die friedvolle, zivile Revolution hat er aber nicht vollzogen.

Es muss wohl als Ironie der Geschichte betrachtet werden, wenn es gerade um die grossen Projekte, die der PSOE angehen wollte, schlechter bestellt ist als je zuvor: Justiz-, Gesundheits-, Schul- und Staatswesen verschlingen einen immer grösseren Anteil des Bruttoinlandprodukts, ohne dass ihre Dienstleistungen merklich verbessert worden wären. Andrerseits hat sich González in praktisch allen Bereichen des Landes eine politische Klientel aufgebaut, die dem Ministerpräsidenten folgt und der er sich aber anderseits auch verpflichtet fühlt. Der «Amiguismo» floriert in der sozialistischen Politlandschaft. Deshalb auch ist wohl der 14. Dezember des letzten Jahres als sinnbildlicher Ausdruck einer kollektiven Enttäuschung zu interpretieren. Die Generation der Reform, des Wandels fühlte sich und fühlt sich weiterhin von ihrer politischen Vertretung verlassen. Moralisch hat González gegenüber seiner Wählerschaft falliert.

Verflossene Träume

Nichtsdestoweniger hat er sich wohl auf längere Zeit komfortabel im Zentrum der Macht niedergelassen. Das politische Vakuum im Inland und die Herausforderung von aussen haben ein bemerkenswertes, aber doch altbekanntes Phänomen hervorgebracht, das heute Spanien beherrscht – nämlich den Felipismus, der weder rechts noch links steht und der sich zynisch und vermessen mit dem Staat selbst vermischt und identifiziert.

González hat nun gestern Neuwahlen ausgerufen, die am 29. Oktober stattfinden werden, quasi als Erinnerung an jenen fernen 28. Oktober des Triumphs im Jahr 1982. Seine Politik braucht Rückendeckung, und der Moment scheint günstig. Es ist davon auszugehen, dass der Ministerpräsident die Wahlen erneut gewinnt. Rechnen muss man aber auch damit, dass künftig die sozialen und wirtschaftlichen Spannungen zunehmen werden. So oder so ist mit dem Felipismus in den nächsten Jahren zu rechnen. Vergessen sind dabei die Träume des Wandels, welche die Zeit des demokratischen Übergangs prägten. Zurück bleiben die Realpolitik und ein egoistisch praktizierter Pragmatismus.

Felipes letzte Schlacht?

(Kommentar vom 28. Oktober 1989)

Die am Sonntag in Spanien stattfindenden allgemeinen Wahlen werden die politische Konstellation des Landes nicht merklich verändern. Alles deutet darauf hin, dass die Sozialisten erneut erfolgreich aus diesem Urnengang hervorgehen. Die einzige Spannung dieses Wahlkampfs liegt in der geringen Unsicherheit, wonach die Sozialisten die absolute Mehrheit im Parlament verlieren könnten. Dass ein solcher Erdrutsch eintritt, ist angesichts des nach wie vor stark aufgesplitterten Oppositionslagers allerdings kaum mehr als Theorie. Die Stunde schlägt nach wie vor für Regierungschef Felipe González.

Natürlich wissen der Premier und seine Mannschaft, dass sie keinen spektakulären Sieg davontragen werden. In ideologischer Hinsicht ist die sozialistische Nelke verwelkt. Zurückgeblieben von jener Aufbruchstimmung ist eine bis in alle Konsequenzen praktizierte Realpolitik und das soziologische Phänomen des Felipismus: Trotz Abnützungserscheinungen nach zwei Legislaturperioden übt González nach wie vor grosse Anziehungskraft aus. Er hat es bis anhin meisterhaft verstanden, heikle Situationen durchzustehen und sich gegenüber anderen Politikern zu profilieren.

González ist zweifelsohne der unangefochtene Führer seiner Partei und der populärste Politiker Spaniens. Mit seiner Politik, die pragmatische und autoritäre Züge vereint, hat er in der spanischen Gesellschaft vielerorts das Gefühl entstehen lassen, Fortschritt sei nur mit der sozialistischen Partei denkbar. Der Wahlkampfslogan der PSOE ist an sich schon eine Enthüllung: Da wird Spanien gleichgesetzt mit der sozialistischen Partei. Das Ganze wird mit dem staatsmännisch anmutenden Bild des Premiers ergänzt: die perfekte Dreifaltigkeit! Die Botschaft ist klar – mit González geht es aufwärts. Er garantiert für Stabilität, Wirtschaftswachstum und Fortschritt. Gleichzeitig wird auf die Nachhaltigkeit dieser Politik hingewiesen.

Die lapidare Formel kommt beim Bürger offensichtlich besser an als das wenig überzeugende Programm der bürgerlichen Parteien. Die Bilanz der sozialistischen Regierungstätigkeit ist in der Tat eindrücklich, vor allem in der Wirtschafts- und Aussenpolitik. Spanien hat in den letzten Jahren eine bemerkenswerte Entwicklung durchlaufen, die das Land aus seiner Isolation löste.

Wie gross die Regenerationsfähigkeit des Felipismus ist, zeigt sich auch in der Sympathie, welche die Bevölkerung dem Regierungschef entgegenbringt. Wenn González Amtsmüdigkeit vorspielt und mit dem Abschied droht, steigt gemäss jüngsten Meinungsumfragen seine Popularität in verschiedenen sozialen Schichten. Solch wahltaktische Manöver haben bis anhin stets funktioniert. Es wird sich zeigen, ob der Premier morgen abend weiterhin Rückzugsgedanken hegt.

Vorerst sucht er wohl eher Rückendeckung für eine ganze Reihe von unpopulären Massnahmen, die die Regierung (noch) in der Schublade versteckt hält. Darum auch gleichen diese Wahlen eher einem Plebiszit für den Premier, der sich heute auf dem Zenit seiner Macht befindet. Nach den Wahlen müssen verschiedene Probleme angepackt werden: Rückgang der Tourismuseinnahmen, ungebremste Konsumnachfrage, zu teure Peseta, aufkeimende Inflation, Zunahme des Handelsbilanzdefizits, anhaltender Kapitalzufluss aus dem Ausland sind hier die Stichworte. Diese Sachfragen können mit populistischen Parolen allein keiner Lösung zugeführt werden.

Die Regierung in der Zwickmühle

(Kommentar vom 31. März 1990)

Der spanische Wirtschaftsminister Carlos Solchaga hat es nicht leicht. Seine bis anhin erfolgversprechende Wirtschaftspolitik bekommt Risse. Zu viele Fronten haben sich unvermittelt aufgetan. Es sieht so aus, als müsste die sozialistische Regierung nach sieben fetten Jahren nun viele Rechnungen begleichen.

Da ist zunächst die interne Zeche mit den Gewerkschaften, die nach dem historischen 14. Dezember des vergangenen Jahres wieder auf die Barrikaden steigen. Sie verlangen nichts weniger als eine generelle Anpassung der Löhne um 9%. Andernfalls drohen die Genossen mit der Mobilmachung von 2 Mio. Arbeitern und mit einer Serie von strategischen Streiks. Diese Forderung, wenn teilweise berechtigt, kommt höchst ungelegen: Bereits jetzt sind Steuerrückzahlungen von mehr als 200 Mrd. Ptas. (2,8 Mrd. Fr.) sowie Salärerhöhungen von 115 Mrd. Ptas. fällig, was insgesamt erwarten lässt, dass die Konsumneigung weiter stimuliert wird. Der erwartete kräftige Nachfrageschub wird die Inflation von derzeit 7% noch mehr anheizen. Es gilt deshalb heute schon als sicher, dass das bisherige Dispositiv der Behörden nicht ausreicht, um die Wirtschaft abzukühlen und vor allem die inländische Nachfrage nach Konsumgütern in gesündere Bahnen zu lenken.

In den kommenden Monaten ist zweifellos mit sozialen Spannungen zu rechnen. Das Ziel der notwendigen Inflationsbekämpfung, die der Wirtschaftsminister immer wieder unterstreicht, zwingt zu einer eiligen Überprüfung der ergriffenen Massnahmen; die bislang erzielten Resultate sind als mager zu bezeichnen. Die unverkennbare Drosselung der Geldmengenexpansion und das fixierte Kreditkorsett haben nicht zum Ziel geführt. Die Spanier konsumieren fröhlich weiter, und zwar grösstenteils auf Pump!

Die Masshaltepolitik der Regierung hat aber eindeutig zu einem schwächeren Wirtschaftswachstum geführt: Die zum Teil schikanöse Kreditbegrenzung trifft vor allem die Unternehmen und beeinträchtigt die Beschaffung dringend benötigter Investitionsgüter. Zusammenfassend hat sich die Wettbewerbsfähigkeit der spanischen Firmen nicht entscheidend verbessert. Die starke Zunahme des Defizits in der Ertragsbilanz hat in Spanien Alarmstufe Rot ausgelöst. Das Handelsbilanzdefizit des iberischen Königreichs ist mit umgerechnet rund 25 Mrd. $ das weltweit grösste nach demjenigen der Vereinigten Staaten und Grossbritanniens.

Schliesslich hat die Regierung auch gemerkt, dass die ausländischen Anleger mit der Öffnung der Oststaaten plötzlich über Investitions-Alternativen verfügen. Daher stellt sich die einfache Frage: Wie finanziert Spanien das starke Ertragsbilanzdefizit, wenn der Kapitalzufluss aus dem Ausland jäh versiegen sollte? Diese Unsicherheit hängt wie ein Damoklesschwert über der Regierung. Darum auch hat das Vorführstück der harten Peseta bald ausgedient.

Muss die spanische Währung abgewertet werden oder nicht? Seit dem Beitritt Spaniens zum EWS hat die Peseta die grössere Bandbreite nicht nach unten ausgenützt, sondern stand unter deutlichem Aufwertungsdruck. Die Zentralbank musste in den vergangenen Monaten Unmengen von D-Mark, Dollar und Gulden aufkaufen, um die Peseta einigermassen am Boden zu halten. Das Dilemma Solchagas ist verständlich. Korrigiert er die Parität der spanischen Währung, welche die Exportindustrie stark belastet, so könnte dies zu einer Flucht der ausländischen Kapitalgeber führen. Tut er das nicht, so werden die spanischen Unternehmen noch grössere Schwierigkeiten haben, sich international zu behaupten, und damit wird auch das Handelsbilanzdefizit weiter anschwellen. Bleibt eine noch striktere Geldpolitik, verbunden mit höheren Zinsen und der Gefahr, dass eine Rezession provoziert wird. Die damit verbundenen Risiken sind eindeutig zu gross, auch für einen Wirtschaftsminister mit dem Durchstehvermögen eines Solchaga.

Vor einem heissen Herbst

(Kommentar vom 26. September 1990)

Eines muss man der spanischen Regierung lassen: Sie hat die Golfkrise umgehend zu nutzen gewusst, um eine restriktivere Wirtschaftspolitik einzuläuten. In der Tat suchte Premierminister Felipe González seit langem nach einem politisch abgesicherten Weg, um wirtschaftlich eine härtere Gangart anzuschlagen. Die Regierung hatte bisher mit lauen monetären Massnahmen versucht, die Konjunkturüberhitzung und die aussenwirtschaftlichen Ungleichgewichte in gesündere Bahnen zu lenken.

Dass diese Massnahmen kaum Früchte tragen, ist nicht mehr länger zu bestreiten. Im Gegenteil: Mittlerweile ist die Inlandnachfrage trotz hohen Zinssätzen in eine eigentliche Konsumneurose ausgeartet. In einem Land, in dem die Fiskalpolitik die Spartätigkeit straft, konsumieren die Spanier fröhlich weiter – grösstenteils mit geliehenem Geld! Die Drosselung der Geldmengenexpansion sowie das Kreditkorsett haben indes zu einer beunruhigenden Verlangsamung der Wirtschaftstätigkeit geführt.

Heute muss sich Regierungschef Felipe González den Vorwurf gefallen lassen, die Chancen aus der langjährigen Expansionsphase der spanischen Wirtschaft möglicherweise vertan zu haben. Sieben Jahre lang feierte Spanien ein kleines Wirtschaftswunder. Die Auslandinvestitionen nahmen explosionsartig zu. Dieser Mittelzufluss hält heute noch an und ist vermutlich die grosse Sauerstoff-Flasche des Wirtschaftsministers, der nicht mehr weiss, wie er das grosse Loch in der Ertragsbilanz stopfen soll.

Über die lange Untätigkeit der Regierung mag man heute staunen. Es sollte jedoch nicht vergessen werden, dass der von den Sozialisten eingeschlagene liberale Wirtschaftskurs den Gewerkschaften ein Dorn im Auge ist. Dabei steckt González der Spuk des Generalstreiks vom 14. Dezember 1988 in den Knochen, der ganz Spanien lahmlegte. Das Dilemma der Regierung bildet denn auch der Gegensatz zwischen der liberalen Wirtschaftspolitik und einer von den Gewerkschaften geforderten «sozialeren Politik». González seinerseits ist sich bewusst, dass er die Gewerkschaften braucht, um sich Macht zu erhalten. Die wirtschaftliche Realität des Landes zwingt ihn aber zu raschem Handeln. Eine Fortsetzung der bis anhin alles in allem meisterhaft angewandten Appeasement-Politik, das Lavieren zwischen den Fronten lassen immer mehr den Realitätsbezug vermissen und sind heute zur Pose geraten.

Wirtschaftsminister Solchaga hat es daher nicht leicht. Zwar hat er teilweise Rückendeckung; Premier González unterstützt seinen Wirtschaftsminister, aber wieweit dieser Bonus reicht, bleibt eine offene Frage, zumal innerhalb des Kabinetts das Sesselrücken hörbar wird. Die seit langem dröhnende Krise zwischen Anhängern des Vizepremiers Alfonso Guerra und dem sozialdemokratischen Flügel um Carlos Solchaga könnte im Oktober, noch vor dem nächsten Parteikongress der Sozialisten, zu einer Kabinettsumbildung führen. Zwar scheint der von der Parteibasis getragene Vizepremier in der Öffentlichkeit nicht mehr tragbar zu sein. Die Machtstrukturen in der Sozialistischen Partei sind jedoch derart komplex, dass der Wirtschaftsminister über die Klinge springen könnte, um der Regierung die Durchsetzung der notwendigen Austeritätspolitik zu ermöglichen. Vieles spricht für einen heissen Madrider Herbst.

Glanzloser Abgang von Vizepremier Guerra

(Kommentar vom 19. Januar 1991)

In Spanien hat sich etwas ereignet, was – wäre die internationale Lage weniger gespannt – höhere Wellen geworfen hätte: Angesprochen ist der leise und glanzlose Abgang von Vizepremierminister Alfonso Guerra aus der Regierung. Der Exekutive des Landes gehörte er seit der Machtergreifung der Sozialisten im Jahre 1982 an.

Guerra ist eine der umstrittensten und schillerndsten Persönlichkeiten der spanischen Politszene. Er und Regierungschef Felipe González – seit Jahrzehnten Weggefährten und Freunde – sind ein perfekt aufeinander abgestimmtes Tandem. Zu Recht werden sie von Beobachtern als die siamesischen Zwillinge der sozialistischen Bewegung bezeichnet. Man wusste in der Tat nie genau, wer von beiden jeweils welche Rolle spielte. Zeitweise kamen gar Befürchtungen auf, González übernehme nicht immer die erste Geige, insbesondere wenn es darum gehe, die Parteibasis zusammenzuhalten. Bei näherer Betrachtung schien es wiederum, als müsste der wenig charismatische, aber mächtige Guerra oft die Dreckarbeit für den Premier erledigen.

Der Bereicherungsskandal um den Bruder Guerras, der viele Schatten auf die Regierung und die sozialistische Partei warf, beschäftigt die Öffentlichkeit seit einem Jahr. Viel zu spät hat González seinen Vize gebeten, er solle den Rücktritt nehmen. Der Augenblick, in dem alle Scheinwerfer auf die Tragödie am Golf gerichtet sind, ist zweifelsohne gut gewählt. Dabei versucht die sozialistische Exekutive den Anschein zu erwecken, als handle es sich um einen von der akuten Regierungskrise gesonderten Akt.

Alles andere ist indes Realität. Die Regierung González befindet sich seit einem Jahr in einer tiefen Krise. So präsentierte sich der Golfkonflikt als willkommene Deckung für ein konzeptloses Kabinett, das intern zerstritten ist. Die Regierung González ist amtsmüde und hat die Jahre der internationalen Hochkonjunktur zu wenig genützt, um das Land zu modernisieren und konkurrenzfähiger zu machen. Genau diesen Vorwurf muss sich heute Premier González angesichts einer abflauenden Wirtschaftstätigkeit gefallen lassen.

Der Fall Guerra zeigt andrerseits, wie sehr die Sozialisten versucht haben, ihre Präsenz in sämtlichen Institutionen des Landes zu konsolidieren. Es ist besorgniserregend für die demokratische Kultur des Landes, wenn die stärkste und mit absoluter Mehrheit regierende Partei das staatliche Fernsehen beherrscht, in beiden Kammern das Sagen hat und gleichzeitig alles unternimmt, um die unabhängige Justiz einzuschüchtern. Blendet man zurück in die Geschichte, dann stellt man unweigerlich fest, dass die spanische Linke immer den gleichen Fehler begeht: Sie versucht das ganze soziale Leben zu kollektivieren und zu beherrschen.

Die Oppositionsrolle übernimmt in Spanien derzeit vor allem die unabhängige Presse, die sich immer vehementer gegen die Exzesse einer arroganten sozialistischen Partei profiliert. Unübersehbar hat die Presse Guerra zu Fall gebracht. Sein Ausscheiden aus der Regierungsverantwortung ist indes nicht als Akt der Reue durch die Spitzenpolitiker zu interpretieren. Vielmehr ist es ein geschickter Schachzug, um die Wogen in der eigenen Partei und in der Öffentlichkeit etwas zu glätten. Man mag darin auch ein spätes Bekenntnis von González zu vermehrtem Pluralismus sehen. Guerra geht, aber er verlässt die politische Szene nicht. Mit dem neuen Amt eines stellvertretenden Generalsekretärs seiner Partei zieht er sich nur in Warteposition zurück.

Sozialisten greifen
nach wirtschaftlicher Macht

(Kommentar vom 11. Mai 1991)

Der Entscheid der spanischen Regierung, alle Finanzinstitute des Staates zu einer Mega-Bank zusammenzuschliessen, hat in der Öffentlichkeit nicht nur Zustimmung gefunden. Tatsächlich lässt dieser Überraschungscoup der sozialistischen Exekutive – abgesehen von juristischen Grundsatzfragen über den eingeschlagenen Verfahrensweg – mehrere Interpretationen zu. Die offizielle Begründung, dass durch den Schulterschluss so heterogener Institute wie des Banco Exterior, der Caja Postal (Postkasse), Ico und des Banco del Commercio ein schlagkräftiges und europataugliches Unternehmensgebilde entstehe, kann nicht zum Nennwert genommen werden. Stichhaltiger erscheinen da schon innenpolitische Beweggründe.

Für die bislang wenig erfolgreichen Oppositionsparteien des Mitte-Rechts-Spektrums ist dieser erneute Kraftakt des Wirtschaftsministers ein Versuch, das wirtschaftliche Leben nach sozialistischem Muster zu kollektivieren. Dieser Eindruck ist nicht ganz von der Hand zu weisen, unternehmen doch die Sozialisten seit ihrer Machtübernahme vor neun Jahren alles Erdenkliche, um ihre Präsenz in den Institutionen des Landes zu festigen. Die mit absoluter Mehrheit regierende PSOE beherrscht das staatliche Fernsehen, hat in beiden Kammern das Sagen und praktiziert systematisch Einschüchterungstaktiken gegenüber der unabhängigen Justiz. Ob solcher Machtarroganz verwundert es nicht, dass die Verdrossenheit des Bürgers täglich zunimmt. Erstaunlich ist es, dass es der grössten Oppositionspartei, dem Partido Popular, (noch) nicht gelingt, Kapital aus solchen Entwicklungen zu schlagen. Viele Beobachter deuten jedoch darauf hin, dass das minuziös aufgezogene Subventionsnetz der Regierung seine Früchte trägt. Nicht wenige unabhängige Beobachter warnen deshalb, dass nun – nach der Infiltration der Sozialisten in staatliche Institutionen – der lang ersehnte Kampf um die wirtschaftliche Macht in Spanien begonnen habe.

Man blende zurück zur ersten Fusionswelle im Bankensektor, die vor drei Jahren zur Entstehung der ersten Finanzgruppe Spaniens, dem BBV, führte: Dann erinnert man sich, dass die Regierung in diesem Umfeld mit etlichen Versuchen Schiffbruch erlitt, in der Privatwirtschaft via Banken Fuss zu fassen. Natürlich spornte der zum Superwirtschaftsminister avancierte Carlos Solchaga unter dem Deckmantel der Modernisierung und vor dem Hintergrund des europäischen Binnenmarktes die Finanzinstitute zu Fusionen an, damit sie in vergleichbarer Grösse mit anderen europäischen Banken konkurrieren könnten.

In der Tat haben sich die spanischen Banken des privaten Sektors, die im EG-Durchschnitt noch viel zu hohe Betriebs- und Verarbeitungskosten haben, mit der notwendigen Entschlackungskur schwergetan. Die jüngste Auseinandersetzung um die Passivzinsen zeigt eindrücklich, wie sehr die Banken untereinander beschäftigt sind und das Thema der europäischen Konkurrenzfähigkeit eine absolut untergeordnete Rolle spielt. Auch sind viele Institute nach den schmerzvollen Erfahrungen, die sogar die erfolgreichen Banco Bilbao und Banco Vizcaya mit ihrer Fusion durchmachten, nicht mehr von der Notwendigkeit weiterer Fusionen überzeugt. Für einige lautet die Devise Spezialisierung, um sich Vorteile auf dem heimischen Markt verschaffen zu können.

Aus dieser Optik weckt die angekündigte Gründung der staatlichen Corporacion Bancaria de España ein ungutes Gefühl. Das im Entstehen begriffene Konglomerat wird jede zehnte Peseta in Spanien kontrollieren. Volkstümlich wird das neue Finanzinstitut nach dem Wirtschaftsminister bereits «Solcha-Bank» genannt, was darauf hindeutet, dass mit dem Spielzeug des Ministers der Spielraum der einzelnen privaten Institute nicht gerade grösser wird. Trotz allen Expertisen über die Präsenz von Staatsbanken in Europa stellt sich doch die Frage, ob die Gründung einer öffentlichen Superbank per Regierungsdekret in einer Zeit von intensiven Deregulierungs- und Liberalisierungsprozessen zeitgemäss ist. So gesehen ist dieses wirtschaftspolitische Manöver der spanischen Regierung ein Ereignis von ernst zu nehmender Tragweite.

Ein weiter Weg nach Europa

(Leitartikel vom 22. Mai 1991)

Die spanische Wirtschaft steht vor gewaltigen Herausforderungen: Knapp zwanzig Monate trennen das Land vom 1. Januar 1993 – spätestens dann muss der Iberienstaat seine Türen den anderen elf Mitgliedern der Gemeinschaft weit aufmachen. Da bis dahin sämtliche Zollschranken fallen, befindet sich die spanische Wirtschaft in einem Lauf gegen die Zeit.

Trotz der spektakulären politischen und wirtschaftlichen Erfolge der letzten Jahre macht das Bruttoinlandprodukt pro Kopf des Landes heute rund 75% des EG-Durchschnitts aus. Das ist immer noch zuwenig, wenn man bedenkt, dass 1975 diese Vergleichszahl 79,9% betrug. Selbstverständlich hinken solche Vergleiche: Seit 1975 hat sich auf der iberischen Halbinsel einiges zum Besseren gewandelt, hat ein friedvoller Übergang in demokratische Strukturen stattgefunden. Erstaunlich gut haben die Spanier in den letzten fünfzehn Jahren die Erdölschocks und andere externe und interne Krisen durchgestanden. Blickt man auf das letzte halbe Jahrzehnt, kann festgestellt werden, dass das internationale Ansehen Spaniens stark gestiegen ist. In dieser Periode machte ein kleines Wirtschaftswunder das Land zum Lieblingsmarkt vieler internationaler Anleger. Die Sozialisten unter Felipe González scheuten nicht davor zurück, früher als sakrosankt geltende Wirtschaftsbereiche vollständig umzustrukturieren.

Gewachsenes Ansehen

Festzuhalten bleibt indes, dass die spanische Wirtschaft noch immer stark bevormundet ist. Praktisch keine Initiative von landesweiter Bedeutung erfolgt ohne den «päpstlichen» Segen des Wirtschaftsministeriums, so die jüngste Fortsetzung der teilweise umstrittenen Fusionspolitik im Bankensektor. Effektvoll und sicher nicht zufällig setzte die Regierung die Schaffung einer staatlichen Mega-Bank, der Corporacion Bancaria de España, durch, bevor dann letzthin zwei private Grossbanken, Central und Hispano-Americano, ihre Ehe ankündigten.

Ist darin eine Bestätigung für die Richtigkeit der von der Regierung verfochtenen Politik zu sehen? Leider sind die Wirtschaftsmassnahmen der

Sozialisten – die notabene nach neuneinhalb Jahren Machtausübung die Institutionen des Landes völlig beherrschen – nicht immer so innovativ. Das Gegenteil ist in der letzten Zeit der Fall: Der bisherige, auf Abkühlung der zeitweise überhitzten Wirtschaft ausgerichtete monetaristische Kurs hat ausgedient. Die Drosselung der Geldmengenexpansion sowie das Kreditkorsett haben bis heute nicht die gewünschten Resultate gebracht. Die makroökonomischen Ungleichgewichte sind im europäischen Vergleich nach wie vor zu gross. Während die Investitionstätigkeit der Unternehmen im ersten Quartal dieses Jahres markant zurückgegangen ist, die Inflation mit 5,9% nach wie vor gefährlich lodert, die Zinssätze zu den höchsten in der Europäischen Gemeinschaft zählen und die Peseta buchstäblich in den Wolken verharrt, sucht die Regierung nach einem neuen Konzept, um das grösste spanische Wirtschaftsproblem anzugehen: Konkret heisst das, dass entschiedene Massnahmen getroffen werden müssen, um die Wettbewerbsfähigkeit der iberischen Unternehmen zu verbessern.

Alter Produktionsapparat

Mit einseitigen und auf bevorstehende Wahlschlachten zugeschnittenen Programmen lassen sich indes diese Probleme nicht lösen. Insofern mutet die jetzige Regierungsankündigung – zwei Wochen vor den nächsten Kommunalwahlen –, man wolle 460 000 preisgünstige Sozialwohnungen bauen, dirigistisch und wenig durchdacht an.

Die Hauptschwierigkeit liegt im veralteten Produktionsapparat Spaniens. Historisch gesehen hat Spanien bis vor kurzem einen lächerlich geringen Warenaustausch geführt: bescheidene Importe und saisonal stark abhängige Ausfuhren. Die Wirtschaftsaktivität war – und dies ist ein Erbe aus der isolationistisch geprägten Franco-Ära – auf den heimischen Markt konzentriert. Die Öffnung nach aussen hat erst mit dem EG-Beitritt 1986 richtig eingesetzt: 1993 wird diese Öffnung eine Selbstverständlichkeit, eine Notwendigkeit sein. Um den nach alten Schablonen arbeitenden Produktionsapparat zu modernisieren, muss eine kohärente Wirtschaftspolitik mit neuen Inhalten definiert werden: Stimulierung der Unternehmensinvestitionen, Reform der Fiskalpolitik, Verbesserung der Infrastrukturen, Redimensionierung der Produktionseinheiten, Produkte-Innovation und Spezialisierung, Verbesserung der Vertriebskanäle.

Die Fiskalpolitik gehört zuoberst auf diese Dringlichkeitsliste. Mit ihr soll ein Instrument geschaffen werden, das eine gesunde Wirtschaftspolitik fördert und nicht verhindert. So sind Freiräume zu schaffen, um die Spartätigkeit der Haushalte, von Unternehmern und Arbeitern, zu stimulieren.

Das jetzige Fiskalsystem straft die Spartätigkeit des Bürgers, animiert ihn förmlich zum unbekümmerten Konsum – was dem Spanier natürlich besonders leichtfällt.

Spanien muss in den nächsten Jahren überdurchschnittlich wachsen, um die geschilderten Ziele erreichen zu können. Der für dieses Jahr prognostizierte Zuwachs des BIP von 2,6% ist völlig unzureichend, um den spanischen Wohlstand bis Ende dieses Jahrzehnts Europa anzunähern. Auch genügt dieses Wachstum in keiner Weise, um den viel zu hohen Sockel von Arbeitslosen sukzessive abzubauen. Die Arbeitslosigkeit erreicht heute 16% der aktiven Bevölkerung: Um dagegen erfolgreich anzukämpfen, müsste das Arbeitsgesetz ebenfalls liberalisiert werden. Indes schafft das heutige Netz von Subventionen und Zuschüssen unter den von Arbeitslosigkeit Betroffenen eine willkommene politische Klientel, die bis auf weiteres sozialistisch wählt...

Die Debatte um die Verbesserung der spanischen Wettbewerbsfähigkeit stellt sich demzufolge an allen Fronten. Die Rezeptur ist zwangsläufig vorgezeichnet. Spanien braucht eine expansive, Produktivitätsgewinne realisierende Wirtschaft, und das unter strikter Beaufsichtigung der Produktionskosten. Im offenen Gemeinsamen Markt werden die Preise vorwiegend nach den Mechanismen von Angebot und Nachfrage fixiert. Um so wichtiger ist es, dass der Produktionsapparat modernisiert und damit europäischen Standards angeglichen wird.

Übergrosse Aufgabe

Fazit: Spanien kann nicht mehr länger unter dem Schutzschirm von ausländischen Spargeldern langfristige Projekte schmieden. Die Devisenreserven des Landes haben den Rekordstand von 58 Mrd. $ erreicht, aber sie widerspiegeln die eigene Wirtschaftsleistung nicht. Da schmückt sich der Wirtschaftsminister mit fremden Federn. Deshalb sollte auch die Hochzinspolitik stufenweise aufgegeben werden, damit der gewaltige Nettozufluss von ausländischem Kapital vermindert werden kann. Die Unternehmenskredite sollten in diesem Umfeld verbilligt werden. Gleichzeitig sollte Spanien den gesamten Spielraum des EWS-Mechanismus nutzen und nicht einseitig auf eine starke Währung setzen. Ohne beträchtliche private und öffentliche Investitionen geht es nicht, wobei sich der Staat hauptsächlich um die Modernisierung der Infrastrukturen kümmern sollte.

All diese Aufgaben liegen aber über dem Machbaren. Eine auch nur partielle Verwirklichung wird Spanien in den nächsten zwanzig Monaten und darüber hinaus in einen Brutkessel und in eine enorme Baustelle verwandeln, Olympische Spiele und Weltausstellung inbegriffen. Ohne den Schulterschluss aller bleiben diese Projekte ein Trugbild. Ob dieser Bestandesaufnahme der spanischen Wirtschaft ist es für Unternehmer und Gewerkschaften, Opposition und Regierung einleuchtend, dass der Weg nach Europa noch lang ist, die zeitliche Distanz aber viel zu kurz.

Spaniens Budgetpolitik – ein Trauerspiel

(Kommentar vom 23. November 1991)

Das traurige Schauspiel, das Regierung und Opposition vor drei Tagen während der Haushaltsdebatte inszenierten, wird nicht als Glanzpunkt in die Annalen der parlamentarischen Geschichte Spaniens eingehen: Die Regierung glänzte durch Abwesenheit, und konsequenterweise weigerte sich die gesamte Opposition, einen Monolog über die Budgets für 1992 zu führen. Diese Episode offenbart einmal mehr, dass die Sozialisten die politische Szenerie beherrschen und die demokratischen Spielregeln nach eigenem Belieben interpretieren. Dabei zeigt sich immer deutlicher, dass der Paradeplatz des sozialistischen Kurses, die Wirtschaftspolitik, zunehmend kritische Fragen provoziert. Die vorgelegten Budgets und die wirtschaftspolitischen Entscheide der Regierung sind Ausdruck einer akuten Konzeptionslosigkeit.

Viel zu lange hat Wirtschaftsminister Carlos Solchaga versucht, dem sich rapide verändernden internationalen Umfeld mit den Mitteln zu begegnen, mit denen er in der Wachstumsphase der vergangenen fünf Jahre scheinbar Erfolg hatte. Der budgetierte Staatshaushalt für 1992 enthüllt eine nicht gezügelte Ausgabenfreude, kündigt aber gleichzeitig eine beunruhigende Schrumpfung der dringend notwendigen Investitionen an und begünstigt das bisherige Prinzip, wonach die Sozialisten die politische Klientel bei der Stange halten: Subventionen anstelle von Investitionen lautet die Devise. Dass diese Politik keine Arbeitsstellen schafft, leuchtet ein. Schlimm genug, wenn man sich vergegenwärtigt, dass heute der Staat bereits 42 von 100 umgesetzten Peseten kontrolliert.

Besorgniserregend ist dieses Budget insbesondere deshalb, weil die Investitionstätigkeit deutliche Schwächen offenbart: Gerade infrastrukturell muss Spanien gewaltige Anstrengungen unternehmen, um den Graben zu den Reichen der EG zuzuschütten. Die Olympischen Spiele von Barcelona, die Weltausstellung von Sevilla und andere Prestigeprojekte dürfen in diesem Sinne nur eine erste Etappe der Investitionsanstrengungen sein. Spanien muss darüber hinaus einen Kraftakt leisten, um das Land nachhaltig zu modernisieren. Die Defizitpolitik und die parlamentarische Mehrheit müssten in diesem Sinne genutzt werden.

In dieser gesamten Optik hat die bisherige Wirtschaftspolitik in eine Sackgasse geführt. Da macht es wenig Sinn, wenn der spanische Premier vor seinen europäischen Kollegen von sozialer Kohäsion fabuliert, während er mit seiner sogenannten Realpolitik in Spanien einen gefährlichen Kurs steuert. Eine künstlich überbewertete Peseta, ein zunehmender Steuerdruck, ein starre Hochzinspolitik und eine nach wie vor lodernde Inflation setzen der spanischen Wirtschaft zu: Das Handelsdefizit ist zum Beispiel das zweithöchste im OECD-Raum, nach demjenigen der USA! Die Konsumfreude der Spanier kennt keine Grenzen, worunter natürlich die Investitionstätigkeit leidet. Zwanzig Tage vor dem entscheidenden Treffen in Maastricht sollten die wirtschaftlichen Leitlinien neu definiert sein. Statt dessen hat der spanische Wirtschaftsminister die Rolle des Zauberlehrlings übernommen: Die obenerwähnten Geister, die er rief, wird er nicht mehr los.

Katzenjammer

(Kommentar vom 4. Dezember 1991)

Die Auguren versprechen der spanischen Wirtschaft nichts Gutes. In- und ausländische Gutachten kommen zum gleichen Schluss: Die Wirtschaftspolitik Solchagas ist am Ende. Es ist nicht sinnvoll, den eingeschlagenen Kurs krampfhaft halten zu wollen. Spaniens Exekutive ist mit Blick auf die pompösen Ereignisse des nächsten Jahres zu sehr bemüht, das Gefühl der politischen Stabilität und Kontinuität zu verbreiten.

Nach den skandalträchtigen Querelen innerhalb der Sozialistischen Partei, die das politische Leben Spaniens in den letzten zwei Jahren prägten (und lähmten), deutet Ministerpräsident Felipe González an, dass er die Zügel in Regierung und Partei fest in der Hand hält. Während sich der spanische Premier zusehends und mit Vorliebe auf dem internationalen Parkett bewegt und so seine staatsmännischen Sorgen um den künftigen Zusammenhalt in Europa verkündet, kommt seine Regierungsmannschaft im Inland immer stärker unter Beschuss.

Die Spanier spüren, dass die fetten Kühe des letzten Jahrzehnts keine Milch mehr geben. Die Realität hat das auf Konsumfreudigkeit ausgerichtete Verhaltensmuster eingeholt. Die Kritik wird lauter, nicht nur aus Kreisen der politischen Opposition, die erstaunlicherweise keinen Wahlvorteil aus den Verschleisserscheinungen der Sozialisten zu schlagen vermag. Jüngst und zum wiederholten Male protestierte der Bankier Mario Conde, der Präsident von Banesto, gegen den dirigistischen Wirtschaftskurs der Regierung. Sein Fazit: Angesichts der manischen Interventionsfreude der Behörden, die die freie Marktwirtschaft behindert, ist es ein Wunder, wenn jemand investiert.

Natürlich hat das Finanzinstitut Banesto mit seinen Industriebeteiligungen arge Schwierigkeiten in der heutigen Rezession. Aber die häufigen öffentlichen Auftritte Condes sind symptomatisch für die angeschlagene Position der spanischen Unternehmen. Spaniens Wirtschaft ist heute fest in der EG verankert. Die jüngsten Statistiken sprechen für sich: Während das Land vor sechs Jahren 36,5% seiner Einfuhren und 52% der Exporte mit der Gemeinschaft bestritt, sind es heute 59,5 bzw. 69,3%.

Parallel zu dieser grundsätzlich erfreulichen Entwicklung ist nach den Jahren der Wirtschaftseuphorie deutlich klar geworden, dass die internationale Wettbewerbsfähigkeit der spanischen Gesellschaften zurückgeht.

Wollen die Firmen auch nach 1993 Perspektiven haben, muss die übermässig restriktive Wirtschaftspolitik gelockert werden, muss Spanien seine Exportfähigkeit schleunigst verbessern. Die künstlich überbewertete Peseta, die im EWS-Korb permanent in der oberen Bandbreite verharrt, sowie die starre Hochzinspolitik – welche die Investitionsbemühungen speziell der kleinen Unternehmen untergräbt – haben ausgedient.

Die Regierung sollte anerkennen, dass sie mit ihrer Politik an der Inflationsfront gescheitert ist. Auch wenn die Bekämpfung der Teuerung oberste Priorität verdient, sollte man sich an einer Wirtschaftspolitik orientieren, die ein durch Investitionen und Exportförderung induziertes Wachstum bringt. Dabei sollte die Verringerung der Abhängigkeit von Auslandkapitalien eines der erstrangigen Ziele sein. Zeitlich in nächster Nähe der bevorstehenden europäischen Vereinigung gerückt, scheint es gefährlich zu sein, wenn sich Spaniens Volkswirtschaft zu stark auf den Kapitalzufluss aus dem Ausland abstützt. Damit ist der europäischen Sache wenig gedient und das Europa der zwei Geschwindigkeiten vorprogrammiert!

Schwärzer als Kohle

(Kommentar vom 18. Januar 1992)

Wer hätte das gedacht! Ausgerechnet im langersehnten Jubeljahr der Nation, in welchem Spanien nicht nur die Weltausstellung von Sevilla, die Olympischen Spiele von Barcelona, Madrid als europäische Kulturhauptstadt, die Entdeckung Amerikas und gar die zehnjährige Machtausübung der Sozialisten unter Regierungschef Felipe González gebührend feiern will, ausgerechnet jetzt schlagen die Gewerkschaften die Trommeln. Es sieht überhaupt so aus, als hätte die Feier- und Jubiläumshysterie das ganze Land angeheizt, als müssten alle Konflikte noch in diesem Jahr ausgetragen und bereinigt werden. Das Versäumte nach- und den Rückstand aufholen, lautet die Devise. Vor den Toren des europäischen Binnenmarktes muss Spanien die Modernisierung der Infrastrukturen zügig vorantreiben. Die Reform der Administration und die Verbesserung der unternehmerischen Wettbewerbschancen gehören ins gleiche Pflichtenheft.

1992 ist für Spanien ein Jahr voller Verheissungen und Unbekannten. Die Regierung erweckt den Anschein, als halte sie die Zügel fest in der Hand. Wenn nur dieser hässliche Arbeitskonflikt im Norden nicht wäre. 18 000 Kohlearbeiter der überschuldeten Staatsfirma Hunosa stehen gegen die Sanierungspläne der Regierung. Der Arbeitskonflikt, der zu schweren Ausschreitungen in Asturien führte, kann einen folgenschweren Disput innerhalb der Sozialistischen Partei auslösen.

Hunosa ist seit langem eine jener «heissen Kartoffeln», die immer wieder herumgereicht werden und die niemand in den Händen halten will: Umgerechnet 900 Mio. Fr. Verlust fielen hier im vergangenen Jahr an, und es besteht keine Aussicht, dass diese Situation grundlegend verbessert werden könnte. Dabei gilt es zu bedenken, dass eine Tonne schlechter Kohle aus Asturien den spanischen Steuerzahler siebenmal mehr kostet als gute Importkohle!

Der vorgelegte Sanierungsplan trägt der sozialen Komponente absolut Rechnung. Aber mittelfristig muss der Akzent auf die Reindustrialisierung der Region gesetzt werden. Die Rolle der Gewerkschaften ist einmal mehr bezeichnend. Ihre Haltung ist politisch und machtbetont. Erneut wittern sie politische Morgenluft, drohen gar den Konflikt auf das benachbarte Kantabrien und Baskenland auszudehnen; beide Regionen sind mit ähnlichen Reindustrialisierungsproblemen konfrontiert. Die Gewerkschaften wollen der Regierung eine «linkere» Politik abtrotzen. Zielscheibe ist einmal mehr Regierungschef Felipe González, der Leader der sozialistischen Familie. Der Premier bleibt trotz Verschleisserscheinungen nach einem Jahrzehnt Regierungszeit der unumstrittene Garant für einen liberalen Wirtschaftskurs, der die Probleme des Landes pragmatisch angeht. Die Gewerkschaften verstehen sich als Korrektiv dieser Politik, zeigen dabei jedoch oft wenig Fingerspitzengefühl für die wahren Interessen des Landes. Das Resultat dieser Spannungen könnte zu einer gefährlichen Auseinandersetzung im politischen Leben des Landes führen. González seinerseits lebt im Dilemma seiner sozialistischen Vergangenheit. Trotz besseren Wissens hindert diese Vergangenheit den Premier an einem dezidierten Handeln. Wenn er die sozialistischen Jugendjahre vergessen will, ist die Gewerkschaft da, um ihn daran zu erinnern. Sozialpolitisch präsentiert sich der Beginn dieses Jahres schwärzer als Kohle.

1992 – Ein Impulsjahr?

(Leitartikel vom 30. Mai 1992)

1992 ist für Spanien ein Jahr der Superlative – ein Jahr reich an Ereignissen, durch die das iberische Land seine Berufung zu unterstreichen sucht. Es ist kein Zufall, dass die Spanier im laufenden Jahr die Weltausstellung von Sevilla, die Olympischen Spiele von Barcelona, Madrid als europäische Kulturkapitale, das 500-Jahr-Jubiläum der Entdeckung Amerikas, aber auch das maurische und jüdische Erbe al-Andalus und Sephardim gebührend feiern wollen. In diesem geschichtsträchtigen Jahr der Nation, die ebenso ihrer fünfhundertjährigen Einigung gedenkt, findet sich hauptsächlich das junge, moderne Spanien wieder.

Wenn der berühmte Satz des baskischen Denkers und Schriftstellers Unamuno überholt zu sein schien, so erlangt er heute wieder volle Gültigkeit: Spanien muss erst entdeckt werden, und nur europäisierte Spanier werden es entdecken. In der Tat präsentiert sich das heutige Spanien selbstbewusst modern und viel europafreundlicher als früher. Vielleicht zum ersten Mal nach der Zeit des politischen Übergangs in die Demokratie zeigt sich das Land stark selbstkritisch, aber zur eigenen Geschichte stehend.

Jahr der inneren Einkehr?

Spanien versucht gegenwärtig – manchmal krampfhaft – einen ihm gebührenden Platz im Konzert der Nationen wiederzufinden. Es weiss aber aus seiner ereignisreichen Geschichte, dass die wiedererlangte äussere Berufung ohne innere Stärke in politischer Frustration endet. Dabei ist nicht zu übersehen, dass Spanien in den letzten fünfzehn Jahren einen einmaligen Entfaltungsspielraum genoss, insbesondere im sozialen und wirtschaftlichen Bereich. Den vielerorts gelobten, friedvollen Übergang aus der Diktatur in die Demokratie, die rasche Einbindung in die Europäische Gemeinschaft und die positive Wirtschaftsentwicklung im letzten halben Jahrzehnt haben dem Iberienstaat internationales Ansehen gebracht. Madrid ist nicht nur ein verlässlicher Partner Europas geworden, es hat auch seine traditionelle Rolle in Lateinamerika verstärkt. Dass dem so ist, belegt das diesjährige Treffen sämtlicher iberoamerikanischer Staats- und Regierungschefs in der spanischen Metropole.

1992 ist für Spanien aber nicht nur ein Jahr voller Verheissungen und Unbekannten. Es sollte auch ein Jahr der inneren Einkehr sein. Blendet man kritisch zurück, so haben die Spanier in den vergangenen Jahren von einer überaus günstigen Konjunkturentwicklung profitiert: innere Stabilität, reiche Kapitalzuflüsse aus dem Ausland, überdurchschnittliches Wachstum der Weltwirtschaft. Aber auch die europäische Währungspolitik, insbesondere die Eingliederung der Peseta ins Europäische Währungssystem, die Talfahrt der Rohstoffpreise und andere Faktoren bildeten ein günstiges Umfeld. Diese positiven Rahmenbedingungen sind jedoch unzureichend genutzt worden; die altbekannten Ungleichgewichte der spanischen Volkswirtschaft sind nicht beseitigt worden.

Viele Schwachstellen

Spaniens Wirtschaft leidet vor allem an vier Krankheiten: So genügen die produktiven Investitionen höheren Ansprüchen nicht, die Infrastrukturen sind zuwenig ausgebildet, wenn ein Vergleich zu anderen westeuropäischen Ländern gezogen wird. Die von den Sozialisten definierte Industriepolitik ist zaghaft und über hoffnungsvolle Ansätze nicht hinausgekommen. Schliesslich liegt im Iberienland menschliches Kapital in sträflicher Weise brach, was unter anderem in der hohen Arbeitslosenquote bedrohlich zum Ausdruck kommt.

Im Klartext bedeutet das: Spanien hat es in den vergangenen Wonnejahren verpasst, die Wirtschaft auf eine erneuerte und solide Grundlage zu stellen. Die Möglichkeit, im Land ein neues soziales und wirtschaftliches Netz aufzubauen, war so aussichtsreich wie kaum je zuvor. Die verschiedenen Regierungen des sogenannten politischen Übergangs haben ihre Wirtschaftspolitik fundamental auf die Bekämpfung der Inflation ausgerichtet. Vor allem haben es die Sozialisten unter Regierungschef Felipe González sträflich unterlassen, die notwendigen Reformen durchzusetzen. Dabei verfügten gerade sie mit ihrer nunmehr seit zehn Jahren ungebrochenen Mehrheit im Parlament über beträchtlichen Handlungsspielraum. Mit ihrer Währungspolitik und ihrer Ausgabefreudigkeit haben sie zwei Ziele erreicht: Gegenüber dem Ausland haben sie mit ihrer Politik der hohen Zinsen Akzente gesetzt; die Eindämmung der Inflation ist einigermassen gelungen.

Die hohen Zinsen haben die Peseta in die Höhe getrieben – gerade gegenüber dem Schweizerfranken – und den Kapitalzufluss aus dem Ausland bewirkt. Hinter der nach aussen soliden Peseta verbirgt sich jedoch seit längerem ein Überlebenskampf der spanischen Wirtschaft. Mehr und mehr beklagen sich die spanischen Unternehmer, der währungspolitische Kurs beeinträchtige ihre Wettbewerbskraft entscheidend. Die bisher verfolgte

Politik scheint ausgedient zu haben. Konsequenterweise sollten schleunigst neue Wirtschaftsstrategien definiert werden, die drei Kernpunkte enthalten: eine straffe Disziplin der laufenden Staatsausgaben zugunsten von öffentlichen Investitionen in Infrastrukturen und in den Produktionsapparat; die Festlegung einer Fiskalpolitik, welche die Spartätigkeit honoriert und Investitionen stimuliert; die Flexibilisierung des Arbeitsmarkts; dazu gehören gerade Ausbildungsmöglichkeiten, welche die berufliche Mobilität fördern. Spanien muss ein Wirtschaftsklima des Vertrauens schaffen, damit eine stete Investitionsdynamik neue Arbeitsplätze schaffen kann.

Die diesjährigen Prunkfeierlichkeiten werden jedoch Kurskorrekturen vorläufig kaum zulassen. Die politische Parole der Sozialisten lautet derzeit, jeden Konfliktherd zu vermeiden, um insbesondere den rebellierenden Gewerkschaften kein Wasser auf die Mühlen zu leiten. Nach diesem wahlpolitischen Kalkül wird die sozialistische Regierung im Herbst – wie anzunehmen ist – Neuwahlen ausschreiben, um, vom vordergründigen Glanz von Spanien 1992 profitierend, sich wieder eine parlamentarische Mehrheit zu sichern. Will Spanien jedoch die von Maastricht geforderte Konvergenz erreichen, ist eine Abkehr von der bisherigen auf die Stützung der politischen Klientel ausgerichteten Wirtschaftspolitik das absolute Gebot der Stunde.

1992 geht in Spanien eine Epoche zu Ende – ähnlich wie 1492 eine wichtige Ära der spanischen Nation einläutete. Die Parallele ist berechtigt, denn wie damals steht heute das Land am Scheideweg tiefgreifender Entwicklungen. Damals trug die universelle Bestimmung Spaniens, und insbesondere seine Vitalität, zur Entdeckung einer unbekannten Welt bei. Im Laufe seiner Geschichte, in der Spanien vielleicht wie kein anderes europäisches Land wirtschaftlichen, politischen, militärischen und sozialen Auf- und Abstieg als Wechselbad seiner internationalen Stellung erleiden musste, hat das Land hinter den Pyrenäen viele Neuanfänge erfahren.

Europäische Berufung

Die wiederentdeckte europäische Berufung Spaniens manifestiert sich in der vollwertigen europäischen Integration. Die Spanier verstehen Europa als den grossen Katalysator des Westens; dabei sehen sie die Gemeinschaft als eine über den jeweiligen Partikularismen stehende Identität. Das Land will innerhalb dieser Gemeinschaft zu den führenden Nationen gehören und einen befruchtenden Beitrag in diese Richtung leisten; gleichzeitig versucht jedoch das Land, seine Eigenart zu bewahren, und will auf dieser Ebene der europäischen Synthese ebenfalls Impulse verleihen. Für Spanien beginnt ein neues Zeitalter voller Herausforderungen.

Spanien und die Realität

(Kommentar vom 8. August 1992)

Der unerwartete und in der Geschichte des spanischen Sports einmalige Goldregen an den Olympischen Spielen in Barcelona hat eine massenpsychologische Reaktion ausgelöst. Die Freude über die Glanzleistungen der eigenen Athleten ist greifbar: Spanien ist wieder wer – sogar im Sport, und der einfache Mann auf der Strasse freut sich darüber.

Diese Stimmung, die diesen Sommer überall in Spanien spürbar ist, lässt wenigstens die grösser gewordenen Alltagssorgen vergessen. Die Regierung freilich nützt die Ruhe vor dem Sturm und hat heimlich die Mehrwertsteuer erhöht, die Fernmeldetarife und vieles mehr, um die wirtschaftliche Bilanz aufzupolieren.

Die Wirtschaftslage des Landes ist so kritisch wie lange nicht mehr. Wirtschaftsminister Carlos Solchaga ist im Gegensatz zu den Goldgewinnern kein Spitzenathlet. Er müsste aufgrund der jüngsten alarmierenden Wirtschaftsdaten in fast allen Disziplinen disqualifiziert werden. Um es im Sportjargon auszudrücken: Die spanische Wirtschaft ist gedopt. In zehn Jahren sozialistischer Regierungsverantwortung hat die monetaristische Wirtschaftspolitik die öffentliche Verschuldung von 18 auf 47% des Bruttoinlandprodukts gehievt.

Das allein wäre – auch im internationalen Vergleich – nicht besorgniserregend. Was hingegen zu denken gibt, ist die seit 1989 beschleunigte Zunahme des öffentlichen Defizits und des privaten Konsums, die vorab durch Ströme ausländischen Kapitals finanziert werden! Der Grad der Abhängigkeit von diesen externen Direktinvestitionen hat im Juni 1992 nach Meinung von Experten einen kritischen Punkt erreicht. Das Ausmass der Verschuldung sämtlicher Wirtschaftsakteure, allen voran der Institutionen, ist ernst und verdeutlicht, dass Spanien in der Vergangenheit über seine Verhältnisse gelebt hat. Die Auslandverschuldung ist nicht gravierend, obwohl sie 1992 von 58 Mrd. auf 62 Mrd. $ zunehmen dürfte. Diese wird aber durch die hohen Reserven von über 72 Mrd. $ der spanischen Zentralbank mehr als gedeckt.

Die Regierung hat diese gefährliche Entwicklung wahrgenommen und versucht jetzt, bevor ihr die Zügel gänzlich entgleiten, ziemlich desorientiert rumzuflicken. Regierungschef Felipe González hat wohl auf den Geldsegen aus dem von ihm in Brüssel vorgeschlagenen Kohäsionsfonds gehofft, um seinen Haushalt aus der Schieflage zu bringen. Im weiteren versuchen die Politiker die Kassen der öffentlichen Hand dadurch zu entlasten, dass sie fällige Zahlungen an Privatfirmen zurückhalten. Allein in der Baubranche warten die wichtigsten Bauunternehmen auf die Zahlung von 750 Mrd. Ptas., die Hälfte davon von den autonomen Verwaltungen. Sollte diese Praxis Schule machen, könnte der Staat in der momentanen Konjunktur die ganze Wirtschaft in eine Rezession stürzen.

Die Hauptfrage stellt sich aber anders: Was für einen Sinn macht in einem Land mit 18% Arbeitslosen die straffe monetaristische Politik der Sozialisten, wenn alle makroökonomischen Ziele kläglich verfehlt werden? Ein eloquenter Minister sagte vor den Spielen, Olympia 1992 werde Barcelona, ja ganz Spanien mit einem Fusstritt ins Jahr 2000 befördern. Bis zum nächsten Jahrzehnt wird die spanische Wirtschaft jedoch Mühe haben, in einigermassen geordneten Verhältnissen durchs Ziel zu kommen.

Spanien bläst zum Rückzug

(Kommentar vom 28. November 1992)

Als Spaniens Wirtschaftsminister Carlos Solchaga dieser Tage vor dem Parlament versuchte, die neueste Abwertung der Peseta zu begründen, ging zweimal hintereinander im Gebäude plötzlich das Licht aus. Dieser harmlose Zwischenfall, der einige Augenblicke für mehr Aufregung sorgte als der Auftritt des Ministers, symbolisiert, wie dunkel es um die Wirtschaftspolitiker der sozialistischen Regierung in Spanien geworden ist. Nicht, dass Solchaga und seine Gefolgsleute nur noch schwarzsehen. Aber die zweite und jüngste Abwertung der Peseta im Europäischen Währungssystem (EWS) innerhalb von zwei Monaten zeigt, dass das Wirtschaftsmodell der Regierung nicht mehr zu gebrauchen ist.

Spaniens Exekutive bläst zum Rückzug, will diesen aber geordnet durchsetzen, um den wirtschaftlichen und vor allem auch den politischen Schaden in Grenzen zu halten. Immerhin: Solchaga gibt heute ohne Umschweife zu, es gehe darum, dem inflationären Auftrieb der Abwertung entgegenzutreten. Aber es geht ihm auch darum, die ausländischen Investoren bei Laune zu halten. Ohne den anhaltenden Zustrom von ausländischem Kapital ist die Regierung nicht mehr in der Lage, das Haushaltsdefizit zu finanzieren.

Deswegen ist Solchaga auch bemüht, den schlechten Zustand, in dem sich die spanische Wirtschaft befindet, mit der Krise des Europäischen Währungssystems zu kaschieren. Für den Minister sind die neuesten Abwertungen technische Lösungen, die konjunkturell, aufgrund der besonderen Situation, unumgänglich sind. Damit macht er den politischen Weg frei für eine weitere, vielleicht im Frühling folgende Abwertung.

Die Turbulenzen an den europäischen Finanzmärkten haben indes die Schwächen Spaniens offengelegt, haben gezeigt, dass die spanische Wirtschaft gedopt ist. Zu Recht muss sich Premier Felipe González den Vorwurf gefallen lassen, man könne dem Land nicht eine straffe monetaristische Politik aufbürden, die schnurstracks nach Maastricht führe, und gleichzeitig das überbordende öffentliche Defizit und den bis vor kurzem ungebremsten privaten Konsum durch die Einfuhr von ausländischem Kapital finanzieren! Die künstlich überbewertete Peseta, Aushängeschild dieser Politik, erfährt jetzt eine Abfuhr, die im Extremfall das Ausscheiden Spaniens aus dem EWS bzw. das freie Floating bedeuten kann.

Immer mehr Spanier fragen sich, welchen Sinn es mache, die sozialistische Politik weiterzuführen; sie bringe lediglich harten Monetarismus, ohne dass dabei die makroökonomischen Ziele erreicht würden. Wie kann der Premierminister die Konvergenzpolitik weiterhin dem Mann auf der Strasse verkaufen, wenn der von González selbst vorgeschlagene Brüsseler Kohäsionsfonds sich immer mehr als Trugbild entpuppt? Eines ist sicher: In Spanien spitzt sich die Wirtschaftskrise zu, und der Eindruck von politischer Desorientierung wächst. Nach zehnjähriger Regierungsverantwortung beginnen die Sozialisten politisch zu taumeln. Zehn Jahre sind vielleicht genug. 1993 sind Wahlen angesagt. Die Gretchenfrage lautet, ob die Opposition fähig sein wird, ein neues griffiges Wirtschaftsprojekt zu artikulieren.

Zeit der Dürre

(Kommentar vom 27. Januar 1993)

Die schwere Trockenheit, die Spanien seit Monaten heimsucht und sich in den letzten Tagen infolge halbleerer Stauseen dramatisch zugespitzt hat, kann als makabre Symbolik der Schwierigkeiten gedeutet werden, mit denen sich das Land zu Beginn des neuen Jahres konfrontiert sieht. Die für überwunden geglaubte Plage der Dürre hat weniger mit einer wiederkehrenden, schicksalhaften Heimsuchung zu tun, als mit mangelnder Organisationsfähigkeit. Der jetzige hydrologische Notstand ist für die sozialistische Regierung eine politische Ohrfeige. Da hat man doch jahrelang die langfristige Lösung eines für Spanien althergebrachten Problems sträflich vernachlässigt.

Was Diktator Franco mit der Schaffung von Hunderten von künstlichen Stauseen gelang, scheint in der modernen Wirtschaft Spaniens nicht möglich zu sein. Vermutlich hat die Mannschaft um Felipe González gemeint, mit dem Einzug der Demokratie werde es in Spanien automatisch regnen!

Nach den Wirtschaftserfolgen der vergangenen Dekade, nach dem Jubeljahr der Olympischen Spiele und der Weltausstellung startet das iberische Land nur zaghaft und voller Befürchtungen ins Ungewisse des neuen Jahres. Katerstimmung macht sich breit in der Bevölkerung. Selbstzweifel über die eigene Fähigkeit, die viel gepredigten Chancen aus der vorangekommenen EG-Integration nutzen zu können, sind in Spanien an der Tagesordnung – am meisten im Kreis der Unternehmer.

Die spanische Wirtschaft stagniert, befindet sich in der Krise. Die guten Rahmenbedingungen einer florierenden Weltwirtschaft sind in den 80er Jahren nur unzureichend genutzt worden, um die altbekannten Ungleichgewichte der spanischen Volkswirtschaft abzubauen. Die beiden Krankheiten, an denen das Land chronisch leidet, machen deutlich, dass die spanische Volkswirtschaft durch ordnungspolitische Schwächen geprägt wird. Spanien ist es in einem sich verändernden Umfeld nicht gelungen, die Inflation und die Arbeitslosigkeit im europäischen Vergleich merklich zu verbessern: Nach der Energiekrise und der darauffolgenden Anpassungspolitik waren die Jahre von 1986 bis 1991 durch eine Phase des konsolidierten Wachstums gekennzeichnet, in denen die Inflation auf einem für Spanien niedrigeren, aber gemessen an den EG-

Partnern doch hohen Niveau verharrte. Die Arbeitslosigkeit schnellte gar auf 17%.

Das in Spanien brachliegende Kapital erreicht leider astronomische Höhen: Es ist erstaunlich, dass eine sozialistische Regierung, die auszog, um 800 000 neue Arbeitsplätze zu schaffen, das Heer der Beschäftigungslosen im Zehnjahresvergleich um 200 000 ansteigen liess. Noch erstaunlicher ist wohl, dass sich die politische Opposition des Landes mit dieser sehr hohen Sockelarbeitslosigkeit abzufinden scheint.

Je länger die politische Führung des Landes den natürlichen Deregulierungsprozess künstlich hinauszögert – um die Wählerklientel bei der Stange zu halten –, desto gravierender werden die Folgen sein. Nicht nur die Halbinsel, sondern auch die spanische Wirtschaft benötigt eine Klimaveränderung, um die hartnäckige Dürre zu überwinden.

Führungslos?

(Kommentar vom 6. März 1993)

Die heftigen Turbulenzen, die sich in den letzten Wochen über der spanischen Volkswirtschaft entladen haben, verdeutlichen den Handlungsnotstand der Regierung González. Die Peseta, die durch Käufe von umgerechnet rund 9 Mrd. Fr. gestützt werden musste, war nahe daran, innert Jahresfrist ein drittes Mal abgewertet zu werden. Das hätte mit einiger Sicherheit den Austritt aus dem Europäischen Währungssystem (EWS) zur Folge gehabt. Und damit wäre die auf EG-Konvergenz getrimmte Wirtschaftspolitik des Landes gänzlich in Frage gestellt worden.

Regierungschef Felipe González hat den Ernst der Lage erkannt: Diese Woche ist er vor das Parlament getreten, um den politischen Schaden zu begrenzen. Dazu soll ein eiligst geschnürtes Massnahmenpaket dienen, das er nicht eigentlich den Abgeordneten, sondern via Fernsehen dem Volk zu «verkaufen» suchte. Dieses Jahr ist Wahljahr, und der sozialistische Premier weiss, dass sein Zenit längst überschritten ist; Verschleisserscheinungen sind offensichtlicher denn je zuvor. Die an sich dringend notwendigen Massnahmen zur Ankurbelung der schon vor Jahresfrist flauen Konjunktur sind von der Regierung leider sträflich verschlafen worden. Und die Krise, mit der sich das Land konfrontiert sieht, lässt sich nicht länger mit zurechtgestutzten Statistiken und weltweit ungünstigen Konjunkturindikatoren kaschieren.

Die Krise ist viel ernster. Sie nimmt Formen an, die das Ende von González' Wirtschaftsmodell dramatisch aufzeigen. In diesem Umfeld wird zunehmend bissige Kritik laut, und sie ist angesichts der drei Millionen Arbeitslosen mehr als berechtigt. Immerhin sind die Sozialisten 1982 ausgezogen, um 800 000 neue Stellen zu schaffen. Dabei hatten die Strategen auch klare Vorstellungen, stellten sie doch eine halbe Million Beamte ein. Dafür klafft heute im Staatshaushalt ein Fehlbetrag von 4,5% des Bruttosozialprodukts. Für diese Finanzmisere ist der wuchernde Staatsapparat mitverantwortlich. Die Handelsbilanz ihrerseits ist inzwischen so negativ, dass selbst die Einnahmen aus dem Tourismus, die vergangenes Jahr umgerechnet 30 Mrd. Fr. betrugen, nicht ausreichten, um das Minus auszugleichen. Was aber noch schlimmer ist: Die fiktive Parität der Peseta – eine direkte Folge der hohen Zinsen – hat die Exportindustrie des Landes stark geschädigt. Das Geld ist in Spanien zu teuer, was mit ein Grund für die fortschreitende Desindustrialisierung des Landes ist.

Die parlamentarische Intervention von Premier González muss man als Akt der Verzweiflung interpretieren: Neue Ideen werden da keine präsentiert. Die angekündigten Massnahmen rücken keinen Zentimeter von der bisherigen Politik ab. Die EG-Konvergenz ist die heilige Kuh des Wirtschaftsministers, der mit seinem Latein am Ende ist: Carlos Solchaga weiss nur zu gut, dass er höchstens bis zu den Wahlen im Amt verbleiben kann. Falls sich die Wahlchancen der Sozialisten weiter verschlechtern, wird er bald seinen Hut nehmen müssen. Die Opposition, wenngleich sie nicht überzeugt, wittert in dieser Situation ihre Siegeschance – um so mehr, als die Regierung taumelt. Auch wenn der Patron wieder selbst die Zügel in die Hand genommen hat, spürt man eine zunehmende Führungslosigkeit im Lande. Mit Populismus und vordergründigen Massnahmen fährt Spanien so schnell nicht aus dem wirtschaftspolitischen Tunnel. Auf jeden Fall wird jemand die Zeche bezahlen müssen.

Ein König für die Demokratie

(Kommentar vom 14. April 1993)

Mit einer siebentägigen Staatstrauer hat Spanien letzte Woche offiziell vom Königsvater, Don Juan III., Abschied genommen. Mit dem Tod von Don Juan de Borbón y Battenberg geht eine Ära der spanischen Geschichte zu Ende. Von shakespearischer Tragik gezeichnet war das Leben dieses Mannes, dem es nicht vergönnt war, seine dynastischen Rechte auszuüben. Don Juan, Graf von Barcelona, war der designierte König – ein König, der nicht regieren durfte. Das Schicksal stemmte sich gegen den rechtmässigen Anwärter auf den spanischen Thron. Zuerst war es der im Bürgerkrieg siegreiche Generalissimo Franco, der zwar die Monarchie zur Staatsform erklärte, dann aber fast vierzig Jahre lang selbst als Diktator thronte. Franco versuchte alles, um Don Juan, dessen liberale Ansichten ihm suspekt waren, hinzuhalten.

Der Diktator vertrat die feste Überzeugung, dass Spanien unmittelbar nach dem Bürgerkrieg ausserstande sei, die 1931 beseitigte Monarchie – geschweige denn die Republik – wieder einzuführen. Die Wunden des Krieges, so meinte der General, seien noch nicht vernarbt – und die «überstürzte» Einführung einer parlamentarischen Monarchie, wie sie Don Juan wünschte, müsse einen neuen Bürgerkrieg verursachen. Wie felsenfest Franco von dieser These überzeugt war, zeigte sich überdeutlich darin, dass er nicht den Grafen von Barcelona, sondern dessen Sohn, Juan Carlos I, zu seinem Nachfolger als Staatsoberhaupt erklärte.

Das Drama war perfekt. Don Juan wurde in seinen Rechten übergangen, zeigte aber Grösse und Staatsverantwortung, als er sich nicht gegen seinen Sohn stellte, sondern abdankte, weil er einsah, dass das Überleben der Monarchie nur in der Person seines Sohnes, des jetzigen Monarchen, Juan Carlos I., möglich war. Dass nach dem Ableben des Generals eine solche Monarchie nur pluralistisch sein könnte, war Don Juan und auch seinem Sohn Juan Carlos klar. Don Juan wollte die Monarchie aller Spanier, die Krone sollte die definitive Versöhnung des Landes symbolisieren.

Blendet man zurück in jene ersten Jahre des politischen Übergangs, dann waren diese Vorsätze für viele Offiziere und für manchen Spanier keine Selbstverständlichkeit. Heute, in einer Zeit politischer Führungslosigkeit – in der Korruption dem Ruf der Parteien zusetzt – hat sich die überparteiliche, parlamentarische Monarchie aller Spanier als glückliche Fügung für die freiheitliche Entwicklung des Landes erwiesen. Dass dem so ist, verdanken die Spanier nicht zuletzt dem verstorbenen Königsvater. Don Juans Verdienst um die spanische Demokratie liegt in seiner Opferbereitschaft und in seiner historischen Entsagung zugunsten seines Sohnes Juan Carlos, der es verstanden hat, die institutionellen Aufgaben der Krone in mustergültiger Weise wahrzunehmen und so die Ziele seines Vaters zu verwirklichen.

Premier González hat politischen Instinkt bewiesen, als er mit der postumen Ehrerbietung für Don Juan – in einem schlichten, in seiner Bedeutung aber grandiosen Staatsakt – zur Verankerung der Monarchie beigetragen hat. Überall in Spanien – ja sogar in Portugal, das auch Staatstrauer anordnete – wurde Don Juans gedacht. Das war sein letzter Triumph und sein letzter Dienst, den er als gelebtes Beispiel für das junge Spanien verstand. Mit seinem Hinschied schliesst sich ein Kapitel spanischer Geschichte.

Glaubwürdige Alternative

(Kommentar vom 29. Mai 1993)

Der spanische Wahlkampf verspricht noch spannend zu werden: Spätestens seit der Fernsehdebatte vom letzten Montag – als die beiden Hauptaspiranten sich vor über 9 Millionen Fernsehzuschauern gegenüberstanden – ist vielen Spaniern bewusst, dass die Sozialisten zum erstenmal seit ihrer Machtergreifung vor elf Jahren verlieren könnten. In diesem ansonsten öden Wahlkampf hat der als schnauzbärtiger Langweiler karikierte Oppositionsführer José María Aznar mit seiner kühlen Taktik einen wichtigen Erfolg verbuchen können. Er ist im Fernsehduell als kleiner David gegen den charismatischen, telegenen Felipe González angetreten und hat Goliath insofern besiegt, als er vermutlich erstmals seine Rolle als Alternative glaubhaft vertreten hat.

Die bis anhin unglücklich agierende Opposition, die lange ein Schattendasein fristete, wittert nun Morgenluft. Aznars Verdienst ist es, den Partido Popular (PP) modernisiert und diszipliniert zu haben. Richtigerweise setzte Aznar eine Verjüngung der Parteispitze durch: Die jungen Wölfe, 30- bis 40jährige, kommen bei der Jugend gut an, nicht zuletzt deshalb, weil sie das alte Stigma des Rechtsradikalismus, das der Partei anhaftete, abstreifen konnten.

Um es vorwegzunehmen: Nach einem Jahrzehnt Sozialismus sind viele Spanier bitter enttäuscht. Die Ergebnisse am Ende der felipistischen Ära sind dürftig, denn noch nie in seiner Geschichte hatte Spanien eine grössere Chance zu einem politischen Neubeginn, zur konstruktiven Umgestaltung der Gesellschaft als 1982. Damals zogen die Sozialisten mit einer berauschenden Mehrheit von 10 Mio. Stimmen und mit der Verheissung von «hundert Jahren Ehrlichkeit» in Madrid ein.

Kleinere und grössere Affären haben diesen moralischen Anspruch der Sozialisten vor allem in der letzten Legislaturperiode zur Farce reduziert. Die wichtigsten Wirtschaftsdaten tun ein übriges und verdeutlichen die krude Wirklichkeit des Landes. Wenn González heute etwas müder und angeschlagener als auch schon wirbt – allerdings mit dem ihm eigenen Charme für die Umwandlung der Gesellschaft – wirkt dieser Anspruch bei vielen Spaniern hohl. Die Frage ist berechtigt: Warum hat er dies nicht in den vergangenen elf Jahren getan? Die Politik des Premiers entbehrt zunehmend der Beziehung zur Wirklichkeit und gerät immer mehr zur Pose. Vielleicht sind elf Jahre Regierungsverantwortung zuviel des Guten.

Zu Recht ist dieser Wahlkampf auch als wenig programmatisch bezeichnet worden. Jeder will es besser tun, aber niemand sagt wie. Konkrete Vorschläge fehlen völlig. Aznar verspricht Ehrlichkeit, Transparenz, Effizienz und Vertrauen. Mit diesen hölzernen Begriffen sagt er aber immer noch nicht, wie er es anpacken will. González verliert sich in vagen Anspielungen und malt das Gespenst der bösen Rechten an die Wand. Am nächsten Montag beim zweiten Fernsehduell haben beide Politiker die letzte Gelegenheit, die vielen Unentschlossenen, die Frustrierten dieses Jahrzehnts, zu überzeugen. Ohne Konkretes wird es wohl nicht gehen. So oder so, eine geistige Generalmobilmachung auf beiden Seiten ist vor dem 6. Juni dringend nötig. Sicher ist aber auch: Nach dem 6. Juni wird die Aufgabe der Regierenden aufgrund der absehbaren politischen Mehrheitsverhältnisse nicht leichter sein.

Eine Zukunft im EWS?

(Kommentar erschienen am 5. Juni 1993)

Eine harte Währung lässt sich nicht ex nihilo schaffen. Diese Binsenwahrheit müsste nach drei Abwertungen in den letzten acht Monaten sogar den orthodoxen Monetaristen einleuchten. Die spanische Wirtschaft leidet seit einiger Zeit unter zu vielen Ungleichgewichten, als dass sie die Grundlage für eine fest tendierende Peseta bilden könnte. Angesichts der Grössenordnung des Handelsdefizits, der Aussenverschuldung, der Inflation, des Kapitalverkehrs – Faktoren, welche die Wettbewerbsfähigkeit eines Landes bestimmen – ist es nicht gewagt, zu behaupten, dass die nach der letzten Abwertung neu fixierte Parität der Peseta ziemlich willkürlich erfolgte. Die anhaltende Unruhe um die Peseta unterstreicht diese Einschätzung.

Der Druck auf die spanische Währung konnte in den vergangenen Tagen nur durch verbale Schützenhilfe der deutschen Bundesbank sowie durch die kurzfristige Anhebung der Tageszinssätze vermindert werden. Im Grunde genommen dreht sich das Karussell aber weiter, die Devisenmärkte werden in Kürze einen neuen Sturm rund um die spanische Währung entfachen. Heute stellt sich die Frage mit aller Schärfe, ob es nicht vernünftiger gewesen wäre, im September letzten Jahres die Peseta zusammen mit der Lira und dem britischen Pfund aus dem Europäischen Währungssystem (EWS) zu nehmen. Die Antwort liegt auf der Hand, auch wenn man hinterher immer klüger ist. Die Regierung González ist über den mit Übereifer verteidigten Maastrichter Konvergenzplan gestolpert. Noch nie war Europa-Politik so teuer: In der fraglichen Zeitspanne hat die spanische Zentralbank umgerechnet rund 40 Mrd. $ aufgebraucht, um den politischen Kurs der sozialistischen Regierung durchzusetzen. Der verzweifelte Versuch, eine überbewertete Peseta à tout prix zu halten, hat einen direkten Einfluss auf die Zahlungsbilanz und verschlechtert logischerweise das Defizit, ganz zu schweigen von den negativen Auswirkungen für die Unternehmen, die so ihre Marktanteile im Export vielleicht für immer verlieren.

Seit dem überstürzten Beitritt Spaniens ins EWS im Jahr 1989 ist die Stützung der Währung ein wesentlicher Bestandteil der Wirtschaftspolitik. Hätte man zumindest die wirtschaftlichen Makro-Indikatoren – allen voran die Inflation – verbessern können, dann hätte diese Politik mit Blick auf Maastricht Sinn gemacht.

Premier González wollte unbedingt unter den ersten 1997 die europäische Währungs- und Wirtschaftsunion erreichen. Dass diese Vorstellung wenig realistisch ist, wird heute weitherum erkannt. Die exzessive monetäre Politik des Tandems González/Solchaga hat ausgedient und kann angesichts von 3,3 Mio. Stellensuchenden nicht weitergeführt werden. Die Währung muss wieder Spiegelbild der wirtschaftlichen Realitäten sein. Derzeit ist es unmöglich, einen glaubwürdigen Wechselkurs der Peseta zu extrapolieren, und die Devisenspezialisten wissen dies nur zu gut.

Insgesamt geht es nicht länger an, dass verfehlte Ambitionen zur Begründung einer Hartwährung das Wirtschaftsgeschehen des Landes hemmen. Nach dem 5. Juni bietet sich einer neuen, durch die Wahlen legitimierten Regierung die Gelegenheit, Mut zu zeigen und die jetzige währungspolitische Verirrung zu korrigieren. Die Peseta muss in den Marktkräften das eigene Gleichgewicht finden. Dies wäre der beste Garant für eine rasche Wirtschaftserholung in Spanien.

Wandel und Beharren

(Leitartikel vom 9. Juni 1993)

Aus dem Resultat der spanischen Parlamentswahlen vom Sonntag lassen sich wichtige Schlüsse ziehen, die einen Neubeginn in der jungen Demokratie markieren: Das Ende der sozialistischen Vorherrschaft ist mit dem Verlust der absoluten Mehrheit durch den Partido Socialista Obrero Español (PSOE) besiegelt. Gleichwohl haben die Sozialisten das Kunststück fertiggebracht, nach elf Jahren Regierungstätigkeit zum vierten aufeinanderfolgenden Mal seit 1982 als stärkste Partei ins Parlament einzuziehen. Die Korruptionsaffären und die innere Spaltung der Partei sowie der desolate Zustand der spanischen Wirtschaft haben die Wähler nicht – wie in Frankreich – mit einem massiven Misstrauensvotum beantwortet.

Persönlicher Erfolg

Dass dem so ist, hat vor allem mit Premierminister Felipe González zu tun, der eine herausragende Persönlichkeit in der modernen spanischen Geschichte ist. Er wird aller Voraussicht nach auch in der nächsten Legislaturperiode die Regierung bilden. Für ihn ist das Ergebnis dieses hart und mit viel persönlichem Engagement geführten Wahlkampfs ein grosser und persönlicher Erfolg.

So gesehen war dieser Urnengang ein Plebiszit um und über seine Person. Vielen Bürgern ging es darum, die jahrzehntelange felipistisch-sozialistische Vorherrschaft zu beenden, dem Regierungschef aber trotzdem eine Chance zu geben, um das politische Werk fortsetzen zu können. So und nur so lässt sich wohl das Verdikt des Souveräns interpretieren. Der Regierungschef scheint dies verstanden zu haben. Noch in der Wahlnacht definierte er die über 9 Mio. Stimmen, die für ihn abgegeben wurden, als Möglichkeit zum Wechsel des Wechsels.

González bleibt damit der grosse Kommunikator der spanischen Politik. Er ist in der Bevölkerung weiterhin beliebt, sein Charisma hat wohl viele unentschlossene Spanier in der Stunde der Entscheidung bewogen, ihm nochmals die Stimme zu geben. Noch einmal vermochte González – und nicht etwa seine korruptionsgeplagte Partei – zu überzeugen. Gut für die demokratischen Institutionen ist aber, dass die Sozialisten nicht als strahlende Sieger aus diesen Wahlen hervorgehen. Obwohl sie als stärkste Partei in die Abgeordnetenkammer und in den Senat einziehen, verlieren sie ihre dominante, das soziale und wirtschaftliche Leben des Landes beherrschende Stellung. Sie sind fortan gezwungen, Allianzen oder Koalitionen einzugehen, müssen Entscheidungen mit anderen fällen. Die Konservativen des Partido Popular (PP) und ihr Vorsitzender, José María Aznar, haben das Ziel, González aus dem Amt zu drängen, klarer verfehlt als zuerst angenommen. Dennoch haben sie gegenüber den Wahlen von 1989 mächtig in der Wählergunst zugelegt: Der Partido Popular ist endgültig aus einem jahrelangen Schattendasein herausgetreten und konnte sich in diesem Wahlkampf als glaubwürdige Alternative präsentieren.

Aufgrund der Sitzverteilung ergibt sich neu für Spanien die Konstellation eines Zweiparteiensystems, das aber weiteren Parteien Raum bietet und so dem Pluralismus Rechnung trägt. Den regionalen Parteien, allen voran die der Basken (Partido Nacionalista Vasco, PNV) und der Katalanen (Convergencia i Unio, CiU), fällt eine Schlüsselrolle zu: Sie werden für den Regierungschef unumgänglich sein und sozusagen das Zünglein an der Waage spielen. Daraus aber abzuleiten, dass den nationalistischen und separatistischen Autonomiebewegungen politische Erpressungsmöglichkeiten offenstünden wie oft befürchtet, ist wohl verfehlt.

Regierbares Spanien

Die Zeichen stehen zurzeit anders. Die grossen nationalen Parteien haben eine staatliche Ausrichtung und sind seit dem 6. Juni in allen Regionen Spaniens gut verankert. Auch dies ist positiv für die spanische Demokratie, die auf die pluralistische Kontinuität setzt. Andrerseits erhalten die Beziehungen der regionalen zu den grossen nationalen Parteien eine neue Dimension: Erstmals seit der Verfassung von 1978 könnten Katalanen und Basken in die Regierungsverantwortung des Staates einbezogen werden. Aufgrund der heiklen Wirtschaftslage wäre dies ein guter Zug, zumal die liberale bürgerliche CiU entsprechende Bereitschaft signalisiert. Deren Spitzenkandidat, Miguel Roca, ist ein seriöser Fachmann, der praktisch als einziger während des Wahlkampfes konkrete Vorschläge zur Sanierung der Wirtschaft formulierte. Roca würde in der Wirtschaftspolitik klare liberale Akzente setzen. Nach dem klar monetaristischen Kurs der vergangenen Jahre würde sich die Aufmerksamkeit wieder vermehrt der reellen, produktiven Wirtschaft zuwenden. Mit dem Einschluss der Katalanen und vielleicht auch Basken in die Regierungsverantwortung offenbart sich eine Chance, den nationalen Konsens zu wahren. Denn heute wollen sich

Basken und Katalanen entschlossener als zuvor an den Aufgaben des Staates beteiligen: Es wäre politisch töricht, sie zu enttäuschen und zu frustrieren.

Die 159 Sitze der Sozialisten haben – obwohl sie um 17 Mandate die absolute Mehrheit verfehlen – immerhin für genügend klare Verhältnisse gesorgt: Die vielbefürchtete politische Pattsituation ist nicht Realität geworden. Auch dieser Umstand ist ein positives Ergebnis der Wahlen vom 6. Juni; so zu verstehen ist auch die positive Reaktion der Devisenmärkte. Es ist möglich, dass die nun folgenden Verhandlungen mit den möglichen Koalitionspartnern schwierig verlaufen, aber die Regierbarkeit Spaniens ist nicht mehr in Frage gestellt.

Es besteht indes auch die Möglichkeit dass die Sozialisten alleine weiterregieren und sich auf punktuelle Allianzen im Parlament zu einzelnen Sachgeschäften abstützen. Dies wäre aber sicherlich nicht im Geiste der politischen Stunde, die das Land lebt. González jedenfalls scheint die Botschaft der Wähler verstanden zu haben.

Viele Enttäuschte

González wurde 1982 in einer umfassenden Begeisterungswelle gewählt, die kein eigentlicher Linksrutsch war. Spanien glaubte damals an den Wandel, an einen echten Fortschritt; das Land war bemüht, den Franquismus endgültig zu verabschieden und sich nach Jahrzehnten der Isolation Europa zu öffnen.

Nach einem Jahrzehnt Sozialismus waren vor und sind nach der Wahl viele Spanier enttäuscht ob der Arroganz einer alle Institutionen des Staates beherrschenden Partei, die eine unverhohlene Klientelpolitik betreibt: Rentner, Arbeitslose, Teilzeitentlöhnte wurden so schamlos mit der politischen Zukunft der Partei verknüpft. Heute glaubt kaum jemand mehr in Spanien an Rosen, schon gar nicht an sozialistische. Die Sozialistische Partei hat diesen Traum eines modernen Spanien missbraucht oder zumindest schlecht genutzt. Sie hat damit eine historische Chance leichtfertig aufs Spiel gesetzt. González trägt dafür letztendlich die Verantwortung, ist er doch nicht nur Premierminister, sondern auch Parteichef. Ihm muss angelastet werden, dass er die Apparatschiks allzu lange gewähren liess. Gleichwohl hat der Ruf dieses Überlebenskünstlers, der weiterhin als integre Persönlichkeit gilt, nicht gelitten.

Mit der Wahl vom letzten Wochenende ging es vielen Stimmberechtigten um Schadensbegrenzung. Und im Votum äussert sich auch der Wille zum Wandel. Dass González vor diesem Hintergrund noch einmal gewählt wurde, hat viel mit der politischen Reife des spanischen Volkes zu tun. Diese Wahlen waren insofern ein Triumph für die Demokratie: Trotz politischer Verdrossenheit gingen 77,5% der 31 Mio. Wahlberechtigten an die Urnen. Hölzerne Begriffe wie hundert Jahre Ehrlichkeit, Effizienz, Transparenz und Vertrauen, wie sie immer wieder von Politikern scheppernd vorgetragen wurden, kommen nicht mehr an. Eine geistige Generalmobilmachung – vor allem in der politischen Führungsebene – ist in Spanien dringend notwendig. In dieser Legislaturperiode gilt es, endlich und endgültig das Versprechen des Fortschritts einzulösen.

Wann wird endlich regiert?

(Kommentar vom 17. Juli 1993)

Das neue spanische Kabinett, das von den Sozialisten selbst als technokratisch bezeichnet wird, überrascht in seiner Zusammensetzung nicht sonderlich. Es fällt auf, dass der harte Parteikern, die sogenannte Fraktion der Guerristas, in der neuen Regierungsmannschaft nicht mehr vertreten ist. Damit ist Premier Felipe González ein weiterer Etappensieg über die Fundamentalisten seiner Partei gelungen – auch wenn der grosse Kampf zwischen den Parteiflügeln, zwischen den Gefolgsleuten um Alfonso Guerra und den Erneuerern des Regierungschef, noch aussteht.

Spätestens nach dem nächsten Parteikongress wird man wissen, ob die Partei voll und ganz hinter Generalsekretär González steht. Disziplinlosigkeit im eigenen Haus und offene Kämpfe im Parteiapparat würden wohl den provisorischen Charakter dieser neuen Regierung endgültig besiegeln, mit allen negativen Konsequenzen für die Regierbarkeit des Landes. Die Spaltung des PSOE wäre dann unvermeidlich, und González wäre dem Druck der möglichen Koalitionspartner, der nationalistischen Katalanen und Basken, voll ausgesetzt. Dass unter solch politisch widrigen Umständen González kaum in der Lage wäre, die Legislatur zu beenden, liegt auf der Hand.

Fürs erste ist es ihm nicht gelungen, eine Koalition zur Bildung einer Mehrheitsregierung zusammenzubringen. Die in Frage kommenden Partner, die bürgerlichen Katalanen und Basken, die zusammen mit ihren 22 Sitzen den Sozialisten (159 Sitze) die absolute Mehrheit (176 Sitze) garantieren könnten, haben sich bis anhin taktisch geschickt der Verantwortung einer gemeinsamen Regierungsbildung entzogen. Sie wollen, wie sie nach vielen verbalen Kapriolen und Winkelzügen offen zugeben, abwarten und zuschauen, ob González, stückchenweise, ihre Forderungen erfüllt. Sie möchten auch sehen, ob der Premier seine eigene Partei im Zaum halten kann. Danach, so argumentieren sie, wäre ein Eintritt in die Regierung vielleicht – aber auch nur vielleicht – denkbar.

Der Manövrierraum von González ist in dieser Situation äusserst gering. Die neue Exekutive unterstreicht diese Entwicklung. Obwohl aus kosmetischen Überlegungen sechs unabhängige Minister hinzukommen, ist die Besetzung des Wirtschafts- und Finanzministeriums mit dem bisherigen Agrarminister eher schwach. Wartet González auf die Katalanen, um die dringend notwendige wirtschaftspolitische Wende durchzuführen?

Dass er seinen Vizepremier, den farblosen und treuen Guerra, mit wirtschaftspolitischen Funktionen ausstattet, kann nicht überzeugen. Diese neuen Regierungsleute symbolisieren mehr Kontinuität denn Erneuerung. Währenddessen wird nicht richtig regiert, es werden keine wichtigen Entscheidungen getroffen, die spanische Politik verkommt zu einem Salonspielchen der Parteien. Es wäre schlimm, wenn aus der jetzigen politischen Unsicherheit des Landes nicht schnell herausgefunden wird.

Politisches Geplänkel, parlamentarische Artigkeiten und arithmetische Konstellationen des Parteienspektrums ersetzen das Regieren nicht. González vergeudet viel Zeit mit präsidialem Repräsentieren – regiert wird nicht. Vielleicht zitierte er deswegen während seiner jüngsten Regierungserklärung den sizilianischen Prinzen Tancredi: Man muss etwas verändern, damit alles beim alten bleibt. Das ist ein schlechtes Omen für die spanische Politik...

Sisyphus González

(Kommentar vom 20. Oktober 1993)

Ähnlich wie dem sagenumwobenen König von Korinth ergeht es derzeit dem spanischen Premierminister Felipe González. Nicht dass er den gewaltigen Felsbrocken an Problemen den Berg hinaufzurollen vermöchte. González sieht den Berg gar nicht – geschweige denn über den Berg hinaus. In der Tat sind kaum Silberstreifen am Horizont der spanischen Wirtschaft erkennbar.

Seit den Wahlen vom 6. Juni sind von der neugewählten Regierung keine wichtigen oder drängenden Entscheidungen getroffen worden! In Madrid beherrscht das Taktieren und Lavieren die politische Alltagsszene. Es sei daran erinnert, dass die letzten Wahlen nach einer langen, viel zu langen Periode des politischen Schlafwandelns anberaumt worden waren, um eine neue sozialistische Ära einzuläuten. Man wollte wichtige, harte, unpopuläre Entscheidungen treffen, um aus der Krise herauszufinden – und brauchte wieder einmal die Legitimation des Volkes –, das zumindest ist die offizielle Version.

Von all den Problemen, mit denen sich der spanische Regierungschef konfrontiert sieht, verdeutlicht die dramatisch zunehmende Arbeitslosigkeit am eindrücklichsten, dass sich die politische Formel Felipe González nach elf Jahren Regierungsverantwortung erschöpft hat. Spanien zählt offiziell 3,4 Mio. Arbeitslose. Auch wenn man zugesteht, dass ein erheblicher Teil davon schwarz arbeitet und gleichzeitig Arbeitslosenunterstützung bezieht, ist dieses Heer von Erwerbslosen ein Schandfleck im Reinheft einer demokratisch gewählten Regierung und ein Alptraum für jede moderne Gesellschaft. Damit aber nicht genug. Der neue, farblose Wirtschaftsminister hat bereits angekündigt, dass im September in Spanien täglich zweitausend Arbeitsplätze vernichtet worden seien. Wird diese Epidemie nicht schleunigst bekämpft, droht dem Land 1994 eine Arbeitslosigkeit von gegen 4 Mio.

Am Wochenende hat der wohl bedeutendste Zeitungsmacher Spaniens, Luis María Anson, einen Artikel veröffentlicht, der aussergewöhnliche Beachtung fand. Darin wird das Schicksal von Premier González wie folgt resümiert: «Der PSOE muss Felipe González eine silberne Brücke bauen, damit er die aktive Politik verlässt und Spanien nicht in die Sackgasse führt. Der Premier hätte 1989, nach einer erfolgreichen Phase seiner Regierungstätigkeit, gehen müssen. Der González, der am 6. Juni nochmals in die Wahlen zog, um hauchdünn zu gewinnen, war politisch bereits ein Kadaver.»

Die Anzeichen mehren sich, dass es so nicht weitergeht. Natürlich fehlte dem Land bis heute eine überzeugende Alternative zur charismatischen Figur des Sozialistenführers. Im Oktober 1993 wirkt diese Figur allerdings gealtert und geistig abgerückt. Dabei muss González (zu) viele Problemberge angehen: die Zerstrittenheit seiner Partei, die mitverantwortlich für die jüngste Wahlschlappe in Galicien ist, das überbordende Haushaltsdefizit, die mögliche Schliessung von Seat, Verhandlungen mit Katalanen und Basken, die das Land politisch und institutionell lahmlegen, und nicht zuletzt die ätzende Arbeitslosigkeit.

Spanien am Ende einer Ära

(Leitartikel vom 18. Dezember 1993)

Als zu Beginn dieser Woche ein erstaunlich selbstzufriedener Felipe González seinem Schweizer Gast Adolf Ogi versicherte, dass trotz gravierender Arbeitslosigkeit in Spanien keine Massenauswanderung spanischer Arbeiter zu befürchten sei, tat der Premier mit diesem lapidaren Satz so, als wäre die Welt für ihn völlig in Ordnung. Es fällt den politischen Beobachtern in letzter Zeit immer wieder auf, wie leichtfüssig sich der Regierungschef auf dem Parkett der spanischen Wirtschaftsrealität bewegt. González spricht immer öfters von makroökonomischen Grössen, als führten diese ein Eigenleben, deren Ursprung und Lösung in Brüssel und nicht in Madrid zu suchen sei. Mit anderen Worten: Der sozialistische Führer, seit elf Jahren Regierungschef Spaniens, wirkt entrückt, realitätsfremd und gelegentlich amtsmüde.

González leidet immer mehr am bekannten Syndrom altgedienter Politiker: Er langweilt sich in der Innenpolitik und sucht im fernen und doch nahen Brüssel seine politische und persönliche Verwirklichung. Zweifelsohne ist González' Prestige im Ausland ungleich grösser als in Spanien selbst. Würden heute Wahlen stattfinden, González würde sie nicht mehr gewinnen. Insofern war sein hauchdünner Sieg an den Generalwahlen vom 6. Juni ein taktisches Husarenstück, das besonderen politischen Instinkt unter Beweis stellte. Ob er damit dem Land einen Dienst erwiesen hat, ist aber höchst fraglich. Die politische Formel Felipe González ist abgelaufen, vermutlich schon vor vier Jahren.

Machtzerfall

In Spanien riecht es nach dem Ende einer Ära – und doch herrscht keine Aufbruchstimmung, allzu bedrückend präsentiert sich die wirtschaftliche Lage. Vor diesem Hintergrund spekulieren selbst Gefolgsleute des Premiers, González könnte das Weite suchen und sich zum Beispiel um die Nachfolge seines Freundes Jacques Delors bewerben, der seinen Job als EU-Kommissionspräsident Ende 1994 aufgibt.

Ein solcher Schachzug wäre für Spanien nicht die schlechteste Lösung, denn das Land bewegt sich seit Monaten in der politischen Schwerelosigkeit. Es ist auch zu befürchten, dass die Sozialistische Partei – sollte sie sich noch lange an der Macht halten – das Schicksal ihrer französischen Schwesterpartei erleidet. Für die politische Landschaft Spaniens wäre ein solcher Einbruch eine unerfreuliche Entwicklung, denn ohne eine starke landesweite Opposition würden beispielsweise die Nationalisten deutlich mehr Gewicht erlangen.

Chance verspielt

Übertüncht wird die derzeitige politische Endzeitstimmung von einem hysterischen vorweihnachtlichen Konsumrausch. Umgerechnet 5 Mrd. Fr. werden die Spanier in den nächsten Tagen für Weihnachtsgeschenke ausgeben, so, als befände sich die Wirtschaft in einer Phase der Hochkonjunktur. Wirklichkeit ist jedoch, dass die spanische Wirtschaft die schwerste Krise in der jüngsten Geschichte durchläuft. Die neusten Kennziffern sind dramatisch: Allein im Monat November sind über 51 000 Arbeitsplätze vernichtet worden. Die Arbeitslosenstatistik wird 1993 einen tristen Rekordstand erreichen: gegen 3 600 000 Erwerbslose oder 23% der arbeitsfähigen Bevölkerung. Das ist europaweit ein Negativrekord. Viele davon sind Jugendliche, die keine Chance erhalten, sich in absehbarer Zeit in den Arbeitsprozess zu integrieren. Allein an dieser Zahl lässt sich erkennen, zu welchem Fiasko die Wirtschaftspolitik unter elfjähriger sozialistischer Alleinherrschaft geführt hat.

Spanien verspielte in den 80er Jahren eine historische Chance, sich wirtschaftlich zu modernisieren und die Kluft zur EG weiter zu überbrücken. Insbesondere seit dem Eintritt Spaniens in die Gemeinschaft im Jahr 1986 waren die inneren und äusseren Umstände mehr als günstig, um traditionelle Altlasten der spanischen Wirtschaft zu beseitigen und die Basis für eine leistungsfähige und flexible Industrie zu schaffen. Die sozialistische Regierung hat an dieser Front sträflich Unterlassungssünden begangen. In diesen Jahren des zügellosen Konsumrauschs lautete pikanterweise die Industriepolitik des zuständigen Ministers: «Die beste Industriepolitik ist keine Industriepolitik.»

Damals, vor fünf Jahren, als Aranzadi mit diesem unglaublichen Satz die Quintessenz seiner Ministerverantwortung kundtat, glaubten naive Kommentatoren, der Minister würde mit seiner Laissez-faire-Masche die Grundsätze der reinen Marktwirtschaft verfechten. Heute, im nachhinein, ist man klüger geworden, denn das Resultat kann desolater nicht sein. Die Liste der Krankheitssymptome in der spanischen Wirtschaft ist lang, angefangen bei den überbordenden Haushaltsdefiziten nicht nur des Staates, sondern auch der Autonomien und der Gemeinden, die ein prekäres Bild ihrer Finanzen präsentieren.

Die fortschreitende Gesamtverschuldung, die 50% des Bruttoinlandprodukts erreicht hat, ist mit ein Grund für die Hochzinspolitik der letzten Jahre. Dass der einseitige Monetarismus des früheren Wirtschaftsministers Carlos Solchagas nach den fetten Jahren in eine brutale Abwertung der spanischen Währung einmünden musste – die Peseta verlor innert Jahresfrist 30% ihres Werts –, war eigentlich voraussehbar, auch wenn dies die Regierung und ausländische Investoren nicht wahrhaben wollten. Das Trugbild einer um jeden Preis verteidigten harten Peseta hat jedoch viele Unternehmen an den Rand des Ruins gebracht. So ist das Hauptproblem nicht das besorgniserregende Handelsdefizit oder die nicht gänzlich gezähmte Inflation. Das Hauptproblem der spanischen Wirtschaft ist die mangelnde Wettbewerbsfähigkeit. Hier liegt die Wurzel des Übels.

Die sozialistische Regierung muss sich vorwerfen lassen, dass sie keine eigentliche Unternehmenskultur im Lande geschaffen hat. Regierungschef González und seine Partei waren viel zu sehr mit der Machterhaltung beschäftigt und glaubten, alleine das Abhalten von Wahlen wäre ein Riesenereignis für die Demokratie. Die Sozialisten, die zu Beginn der 80er Jahre die Tugenden einer stoischen Zivilisation predigten, haben eine epikureische Gesellschaft geschaffen, die ihren Höhepunkt im Feuerwerk der Olympischen Spiele und anderer Festlichkeiten des vielbejubelten Jahres 1992 fand.

Nicht wettbewerbsfähig

Will Spanien das soziale Drama der rekordhohen Arbeitslosigkeit erfolgreich bekämpfen, so muss die Wirtschaft mindestens 2,5% jährlich wachsen. Damit die Voraussetzungen dafür geschaffen werden, ist mehr denn je eine Neuorientierung notwendig. Arbeitsplätze kann das Land mittelfristig nur schaffen, wenn es seine Wettbewerbsfähigkeit schnellstens verbessert. Spanien ist jedoch auf den internationalen Märkten nicht konkurrenzfähig und verkauft seine Produkte nur über den Preis. Dass man durch periodische Abwertungen der Landeswährung wieder ins Geschäft kommt, ist eine kurzsichtige Politik.

Die Wettbewerbsfähigkeit der Unternehmen kann aber nur verbessert werden, wenn die jetzt mit zehnjähriger Verspätung vorsichtig angegangene Reform der Arbeitsgesetzgebung verwirklicht wird. Schliesslich muss die Finanz- und Fiskalpolitik einer Investitionsdynamik untergeordnet werden. Diese drei Schlüsselbereiche lassen sich nicht ohne eine geistige Mobilmachung bewegen, welche die ganze Gesellschaft erfassen muss. Durch die Globalisierung des Wettbewerbs ist Europa in einen Wettbewerb der Systeme und Kulturen eingetreten.

Spanien muss sich darauf einstellen und Brüssel nicht als Heilmittel aller Probleme ansehen. Das Land hat sich geistig neu zu orientieren und die notwendigen Reformen noch in diesem Jahrzehnt durchzusetzen. Ohne Lust an der Leistung geht das aber nicht. Vielleicht ist die jetzige Endzeitstimmung politisch von Nutzen, damit eine wirkliche Wende stattfinden kann. So gesehen steht die eigentliche Revolution noch aus.

Der Fall Banesto

(Kommentar vom 5. Januar 1994)

Spektakulär ist der Fall der Grossbank Banesto: Nach der Intervention der spanischen Zentralbank liest sich der Niedergang des altehrwürdigen Hauses wie die Chronik eines Todeskampfes. Mit der Absetzung von Mario Conde als Banesto-Präsident geht ausserdem eine kometenhafte Karriere jäh zu Ende. Mit ihm tritt ein Protagonist der boomenden 80er Jahre von der spanischen Bühne ab. Er war der letzte Überlebende einer Yuppie-Generation, die vielleicht zu schnell zu Ruhm und Geld kam.

Conde war das Vorbild vieler Uni-Absolventen, die seinem medienwirksamen Tun gebannt folgten. Sein persönliches Bravourstück, als er 1987 durch eine komplexe Machtrochade die Führung Banestos übernahm, erregte landesweit Aufsehen. Conde wurde zur nationalen Figur und verkörperte einen aggressiven Stil, welcher der Regierung des Landes nicht besonders behagte. Premierminister González entdeckte in Conde schnell einen natürlichen Widersacher.

Seither glich die Laufbahn Condes einem Hindernislauf gegen die Zeit. 1988 vereitelte er noch erfolgreich die von der Regierung angestrebte Übernahme Banestos durch den Banco de Bilbao. 1989 schien Banesto nach einer Aufwendung von rund 200 Mrd. Ptas. saniert. Conde schuf darauf mit den zahlreichen Industriebeteiligungen der Bank die Corporación Industrial, das grösste private Imperium der spanischen Wirtschaft. Doch schon damals, als die spanische Wirtschaft noch «boomte», wurden Zweifel geäussert, dass eine Verbindung des Bankengeschäfts mit einem so schwerlastigen Industriegebilde höchst problematisch sei.

Die kurz darauf von Conde dekretierte Expansionspolitik, um an die Spitze der spanischen Grossbanken zu gelangen, war folgenschwer und führte schliesslich zum Debakel. Einige von der Zentralbank veröffentlichte Eckdaten lassen erkennen, wie fragwürdig und gefährlich Condes Politik für die weitere Entwicklung der Bank war. So steigerte er die Ausleihungen überdurchschnittlich im Vergleich zur Konkurrenz – dies trotz eines akuten Mangels an Eigenmitteln. Der Rückstellungsbedarf für zweifelhafte Kredite schnellte in die Höhe; dabei präsentierte die Bank in dieser Sparte zu geringe oder gar kaschierte Zahlen.

Unter der Federführung von J. P. Morgan versuchte Conde mit einer grossangelegten Kapitalerhöhung – die grösste in der spanischen Finanzgeschichte – Abhilfe zu schaffen. Die dritte Tranche wurde aber im Oktober überraschend sistiert. Schon im September rumorte es, Banesto würde dieses Jahr keinen Gewinn ausweisen können. Die Geschichte endet schliesslich mit der raschen, bestimmten und wohl folgerichtigen Intervention des Banco de España. Begründet wurde dieser Schritt damit, dass Schaden vom gesamten spanischen Finanzsystem abgewendet und Banesto vor dem totalen Kollaps gerettet werden solle. Die energische und dezidierte Rettungsaktion der Zentralbank ist ein Pluspunkt für die Regierung González, die mit diesem Akt ihre Autorität unter Beweis stellt. Die Regierung muss nun aber beweisen, dass sie im Hause Banesto nicht nur intervenieren, sondern sich auch als erfolgreicher Krisenmanager betätigen kann. Auf die künftige Entwicklung der Bank kann man jedenfalls gespannt sein.

Zeit für eine Wende

(Kommentar vom 19. März 1994)

Die Partei, die Spanien seit nunmehr zwölf Jahren ununterbrochen regiert, ist gestern Freitag in Klausur gegangen. Man hat in den vergangenen Wochen in der spanischen Öffentlichkeit viel von diesem XXXIII. Kongress des Partido Socialista Obrero Español (PSOE) gesprochen – allen voran die Sozialisten selbst, die sich von dieser Grossveranstaltung einiges erhoffen.

Nachdem die Propagandisten der Sozialistischen Partei vor den Wahlen vom 6. Juni 1993 von der Notwendigkeit eines «demokratischen Impulses» sprachen und die Wahlen hauchdünn mit dem Slogan vom «Wechsel des Wechsels» gewonnen wurden, setzen die Parteistrategen jetzt auf eine ähnliche Masche: Während dieser sozialistischen Familienzusammenkunft, in welcher sämtliche Flügel der Partei – von Erneuerern über Gefolgsleute des schillernden Vize-Generalsekretärs Alfonso Guerras bis hin zu Anhängern von Regierungschef Felipe González – sich für einige Tage in scheinbarer Eintracht ein Stelldichein geben, soll der «sozialistische Impuls» neu definiert werden. Ein neues Profil wird gesucht, mit Kanten und Appeal – etwas, das der heute müde wirkende Premier González bis vor kurzem meisterhaft verkörperte, heute jedoch zur Pose verkommen ist.

So suchen die Sozialisten eine Art Ersatz für das Zugpferd González. Aber eben, seine Position an der Parteispitze soll nicht angetastet werden; er hält die Zügel weiterhin fest in der Hand. Der PSOE steht vor einer an das Chamäleon gemahnende Verwandlung, und die soll auf die Nummer eins zugeschnitten sein. So wird der Premier einmal mehr – wie er es in den letzten zwanzig Jahren immer wieder souverän geschafft hat – als Sieger aus diesem Kongress herausgehen; der Einfluss der Guerristen wird bis auf weiteres schwinden. Die Partei präsentiert sich so, als könnte sie sich längere Zeit im Machtgewölbe des Landes einnisten. Wohl die wenigsten denken daran, dass die Zeit gekommen ist, die Oppositionsbank zu drücken. Und gerade diese Grundhaltung ist bedenklich für ein gesundes Politleben in Spanien.

Auch dieser Kongress wird keine Antworten auf die drängenden Fragen des Landes geben, ja nicht einmal auf die zentrale Frage zur ideologischen Zukunft der Sozialdemokratie. Diesen spanischen Sozialisten geht es – das ist augenfällig – um die nackte Machterhaltung. Realität ist, dass der PSOE in einer tiefen ideellen Krise steckt, die auch als Führungskrise verstanden werden kann. Das wird offensichtlich, wenn man ein Programm sucht, das der spanischen Gesellschaft echte Impulse geben und klare Perspektiven aufzeigen soll. Deshalb auch wird wohl nach dieser PSOE-Delegiertenversammlung der Zersetzungskampf weitergehen. Die Zeit González' ist abgelaufen, jede künstliche Verlängerung schadet dem Land, auch wenn es wünschenswert ist, dass er seiner Partei als Integrationsfigur einen geordneten Rückzug ermöglicht.

Spanien benötigt dringend Erneuerung, eine neue politische Führung, die die Probleme des Landes dezidiert anpackt und die den Personenkult nicht in zynischer Weise zur Übertünchung der Problemberge nutzt. So kommt diesem XXXIII. Kongress der Sozialistischen Partei höchstens Übergangscharakter zu.

Letzte Runde von González?

(Kommentar vom 4. Juni 1994)

Die bedrängte Regierung von Premierminister Felipe González versucht derzeit mit allen Mitteln den Anschein zu erwecken, die politische Krise in Spanien sei überwunden und die Stabilität des Landes garantiert. Gleichwohl haben die anstehenden Europawahlen und die gleichzeitige Neubestellung des andalusischen Parlaments für den Regierungschef Plebiszitcharakter.

Die grosse Frage ist wohl die, wie denn die spanischen Wähler auf eine ganze Reihe kleinerer und grösserer Korruptionsaffären im Umkreis der sozialistischen Minderheitsregierung reagieren. Ist die Wahl am 12. Juni eine Strafwahl für Premier González? Oder haben die Spanier angesichts der neusten taktischen Züge des Regierungschefs ein allzu kurzes Gedächtnis? Vor einem Monat – als das Ausmass der sozialistischen Machtexzesse von einer breiten Bevölkerungsschicht als skandalös empfunden wurde – standen die Überlebenschancen dieser Exekutive nicht sehr gut. Mehr und mehr wurde sich die Öffentlichkeit bewusst, dass die Sozialisten ihren Zenit überschritten haben. Nach zwölf Jahren hegemonischer Machterhaltung ist der politische Wechsel in Spanien eine Notwendigkeit zur Stärkung der demokratischen Institutionen und zur Revitalisierung der Wirtschaft.

Von dieser Lage ausgehend, sollte sich eine Prognose über die unmittelbare politische Zukunft des Landes stellen lassen. Leicht ist dieses Unterfangen indes nicht, weil man die Regenerationsfähigkeit des Sozialistenchefs und seiner Partei nicht unterschätzen sollte. Kommt hinzu, dass der direkte Widersacher José María Aznar, Chef des Partido Popular, trotz gewaltiger Verschleisserscheinungen der sozialistischen Regierung einen bedeutenden Teil des Wählerpotentials zu wenig überzeugt.

Hier liegt wohl das Drama der spanischen Politik: González sollte endlich gehen. Aznar ist aber für viele Spanier keine Alternative – eher ein diffuses Fragezeichen! Auch wenn die letzten Umfragen dem Partido Popular einen deutlichen Vorsprung vor dem PSOE einräumen, sind die Tage der Regierung González möglicherweise noch lange nicht gezählt. Von grosser Bedeutung ist das Ausmass der möglichen Wahlschlappe. Dabei ist aber nicht zu übersehen, dass die jüngsten Wirtschaftszahlen der Regierung Rückhalt verleihen: Verschiedene Indikatoren deuten wieder auf ein nennenswertes Wirtschaftswachstum hin. Der Index der industriellen Produktion zeigt nach oben, und die Unternehmer erwirtschaften wieder steigende Gewinne. Die Zerstörung der Arbeitsplätze konnte erstmals nach vielen Monaten gestoppt werden – auch wenn die hohe Arbeitslosigkeit die grösste Sorge des Landes bleibt. Die Aussenbilanzen deuten ebenfalls eine wirtschaftliche Erholung an.

Der sich abzeichnende Wirtschaftsaufschwung wird aber nur dann andauern, wenn sich die politische Orientierung des Landes rasch klärt. Dass zurzeit in Spanien ein politisches Vakuum besteht, verdeutlicht das schaurige Spektakel der neusten Gewalttaten durch die baskische Terrororganisation ETA, die alte Fragen aufwirft – insbesondere die des Versagens einer effizienten Terrorbekämpfung. Spanien erlebt unruhige Zeiten. Allzu viele Probleme fordern eine Lösung, im besonderen die moralische Erneuerung in einer wirtschaftspolitischen Perspektive.

Spanische Prosperitätsfassade

(Leitartikel vom 10. August 1994)

In diesem heissen Sommer 1994 brennt Spanien lichterloh: Die anhaltende Hitzewelle hat zu den katastrophalsten Waldbränden in der jüngsten Geschichte des Landes geführt. Das Ausmass des Unglücks lässt sich daran messen, dass bis jetzt ein Gebiet fast so gross wie der Kanton Zürich den Flammen zum Opfer gefallen ist. Und es brennt weiter. Die wirtschaftlichen, sozialen und ökologischen Folgen sind enorm. Experten wissen, dass eine Wiederaufforstung zwanzig Jahre dauert. Inzwischen schreitet die Erosion unentwegt weiter. Hält diese Entwicklung in den nächsten Jahren an, verkommt Spanien unaufhaltsam zur Wüstenlandschaft.

Viele Fehlentwicklungen

Das Phänomen ist nicht neu, es gehört zum jährlichen Sommerspektakel – fast so, als wäre es ein Naturereignis, dem man sich fügen muss. Das Land ist ja so gross... Dabei wissen die Behörden, dass viele dieser Feuer von Pyromanen gelegt werden – oder von Spekulanten, die bestimmte Waldgebiete zu Bauland umzonen wollen. Die Grössenordnung der diesjährigen Brände hat immerhin den zuständigen Minister Luis Atienza zur Empfehlung bewogen, in der Nähe von Waldgegenden solle keine Paella angerichtet werden. Seither wird der einfallsreiche Minister bei jedem neuen Auftritt von seinen Landsleuten als «Paella-Minister» betitelt.

Der gleiche Minister hat dieser Tage alle Hände voll zu tun. Er spielt Feuerwehrmann und eilt von einem Brand zum andern. Mitten in der Thunfisch-Fangperiode haben die nordspanischen Fischer ihren französischen Kollegen den Krieg erklärt, weil diese beim Fang des weltweit begehrten Thunfischs Netze verwenden, die unerlaubt und auch von der EU nicht zugelassen sind. Resultat der Auseinandersetzung: Gegen 400 nordspanische Thunfischkutter blockierten tagelang sämtliche Handelshäfen Nordspaniens und gar einige französische Häfen, weil sie sich im Handelsstreit um Fangmethoden, Quoten und Rechte von ihren Behörden im Stich gelassen fühlen. Von der Fischerei-Industrie leben in Spanien mehr als eine halbe Million Menschen. Durch den schwerwiegenden Konflikt ist der diesjährige Fang ruiniert. Zudem steht die Zukunft der ganzen Branche auf dem Spiel, zumal die innergemeinschaftlichen Handelsregeln Spanien zwingen, «billigeren» französischen Thunfisch zu importieren, während parallel dazu die eigene Fischereiflotte durch die Fangmethoden von Briten und Franzosen sowie durch ausbleibende Fangrechte klar benachteiligt ist. Auch das ist Europa! Die spanischen Fischer haben nicht unrecht.

Ein weiterer Streit um ein Elementargut wie Wasser spiegelt die rauhe Alltagsrealität, mit der sich Spanien in diesem Jahr schwertut. Die Dürre hat Südspanien ausgetrocknet. Wochenlang wurde zwischen den wasserreichen und den wasserheischenden Autonomien über das kostbare Gut in mittelalterlicher Manier gefeilscht. Da die betroffenen Autonomieregierungen von Sozialisten bestellt sind, reagierte die ebenfalls sozialistische Zentralregierung zaghaft, spät und stümperhaft – ohne institutionelle Weitsicht. Schliesslich floss in den letzten Tagen das spärliche Wasser doch noch von Norden nach Süden. Doch es wird nicht reichen, um beispielsweise die Pfirsichernte zu retten. Der Schaden für Agrarregionen wie Murcia ist unermesslich.

Diese Fälle zeigen, dass die Entwicklung Spaniens von merkwürdigen Widersprüchen geprägt ist. Zum einen versucht diese viel zu lange an der Macht weilende Regierung unter Premier Felipe González den Spaniern bei jeder Gelegenheit weiszumachen, dass die Halbinsel europäischer als das europäischste Land sei. Dabei gibt sich der Regierungschef Mühe, die immer deutlicher werdende Abhängigkeit von Brüssel zu kaschieren. Wie europahörig der Premier nun geworden ist, verdeutlichen die angesprochenen Konflikte – die alle einzeln genügen würden, um den nationalen Notstand auszurufen.

Madrid will es aber mit Brüssel nicht verderben; das just aus der Schublade gezogene Aufforstungsprogramm will man sich aus dem Kohäsionsfonds der EU finanzieren lassen. Schliesslich, weshalb sollte man mit Paris wegen ein paar Thunfischern Streitereien anfangen? Lieber nicht, Paris könnte ja in Brüssel opponieren und gleichzeitig den von González über alles verteidigten Kohäsionsfonds torpedieren. Diese Abhängigkeit ist gefährlich und verwässert die an und für sich positive Konvergenzphilosophie, welche die EU unter ihren Mitgliedern anstrebt.

Selbstblockade

In dieser Haltung offenbart sich ein eigenartiger Widerspruch: Auf der einen Seite spiegelt sich die gegenwärtige Situation des Landes, die auch auf Erfolgen aufbaut. Diese Situation erscheint jedoch banal bis selbstverständlich. Die geistige Grundbefindlichkeit im Land ist eine andere. Sie bezieht ihre Impulse aus Erinnerungen, Hoffnungen, Befürchtungen – Erinnerungen an zurückliegende Zeiten, in denen per definitionem fast alles einfacher war; Hoffnungen und vor allem Befürchtungen empfindet der Spanier heute mit Blick auf die Zukunft, in der vieles bedrohlich erscheint und auf deren Herausforderungen er keine überzeugenden Antworten weiss.

Es ist heute in breiten Schichten der spanischen Gesellschaft eine immer grössere Desorientierung spürbar, die hindert, ja lähmt – eine Desorientierung, welche die Chance verbaut, dass die anstehenden grossen Aufgaben erfolgreich angepackt werden. Es ist nicht zu übersehen: Spanien leidet heute an einer «Selbstblockade», die ihren Ansatz in der Politik dieser Regierung findet. Eine Politik, die in ihrer manischen Besessenheit, sämtliche Stände der Gesellschaftsordnung zu beherrschen, ein dichtes Netz von Klientelismus und Subventionsmechanismen errichtet hat.

Welche Welt der Arbeit?

Wer eine ernsthafte Bestandsaufnahme der derzeitigen Probleme machen will, muss dieses Syndrom durchleuchten. Es gilt, die sich abzeichnenden Zukunftsprobleme abzustecken – in einem Rahmen, in dem Antworten auf diese Herausforderungen gefunden werden. Die Spanier sehen sich in den nächsten Jahren mit einem ganzen Bündel von Herausforderungen konfrontiert. Zum einen gilt es, die Neuordnung des Staates abzuschliessen. Die nach wie vor gärenden Entstehungs- und Behauptungskämpfe der Autonomien und ihre Beziehungen zum Zentralstaat müssen geregelt werden, auch nach dem Prinzip einer lebendigen und sich weiter entwickelnden Demokratie. Ansonsten ist das spanische Staatsmodell in Kürze wohl nicht mehr finanzierbar. Auch macht die Diskussion wenig Sinn, den Zentralstaat in Madrid abzubauen und gleichzeitig siebzehn Zentralstaaten im ganzen Lande zu errichten, die sich darüber hinaus – dies zeigt die Erfahrung der letzten Jahre – noch jakobinischer verhalten.

Angesichts der schweren Erblasten braucht Spanien ein marktwirtschaftliches Kontrastprogramm, um aus den interventionistischen Irrungen der vergangenen Jahre und der gegenwärtigen Orientierungslosigkeit herauszufinden. Wie geht es aber weiter? Hat die Regierung, hat die auf ihre Chance lauernde Opposition, haben die Unternehmer klare Vorstellungen der harrenden Aufgaben – und haben sie überzeugende Vorschläge, wie diese Aufgaben zu lösen sind? Vorab scheint der Spanier nach den goldenen Achtzigern noch immer über die Bedeutung der Arbeit für sich und für seine Umgebung zu meditieren. Auch im Jahre 1994 hat in Spanien der Begriff Arbeit nicht die calvinistische Bedeutung wie in der Schweiz.

Auch hat es diese Regierung sträflich vernachlässigt, während der fetten Wirtschaftsjahre eine eigentliche Unternehmenskultur zu schaffen. Unterlassen anstatt unternehmen war die sicherste Devise dieser sozialistischen Dekade. In nächster Zeit muss jedoch den Spaniern nähergebracht werden, dass Wettbewerb ein unverzichtbarer Bestandteil der Marktwirtschaft ist. Statistisch betrachtet ist Spanien zwar eine der modernsten Volkswirtschaften, es nimmt im Aussenhandel einen immer wichtigeren Platz ein. Diesen Platz kann Spanien aber nur halten, wenn seine industrielle Anlagenausstattung sich dem technischen Fortschritt anpasst. Spanien braucht eine Wirtschaftspolitik, die Innovation fördert, Investitionen erleichtert und Erträge sichert. Diesem Gebot müssen sich Fiskalpolitik, Einkommenspolitik, Sozialpolitik und rahmensetzende Ordnungspolitik gleichermassen stellen. Die spanische Untugend, die Belastbarkeit der Wirtschaft stets aufs neue zu «prüfen», kann nur in zunehmender Wettbewerbsschwäche enden. Die Rolle der spanischen Gewerkschaften ist in diesem Zusammenhang anachronistisch.

Das Erkennen dieser fundamentalen Notwendigkeiten schafft die Zäsur. Man kann dies Wandlung nennen oder auch Fortschrittskrise – im Fall Spaniens ist es vielleicht noch eine Aufklärungskrise! Es gilt, wichtige Werte wieder in den Vordergrund zu stellen, um beispielsweise das spanische Phänomen der überaus hohen Arbeitslosigkeit anzugehen. Max Weber hat das klar aufgezeigt: Unsere Gesellschaft ist eine Arbeitsgesellschaft, und dies im fundamentalen Sinn.

Wir leben seit der Herausbildung der modernen Industrie in einer mit Arbeit befassten, von ihrer Rationalität und ihrer Teilung vorangetriebenen und von Arbeitskonflikten oftmals erschütterten Erwerbsgesellschaft. Die Arbeitslosigkeit ist in Spanien mit 23,5% die höchste in der Europäischen Union. Was passiert, wenn dieser Gesellschaft die Arbeit noch mehr ausgehen sollte?

Mit der Differenzierung der Subsysteme unserer arbeitsteilig organisierten Gesellschaft entwickeln sich aber die Verhaltensformen der Menschen auseinander. So geraten die Werte und Tätigkeitsnormen aus dem Bereich der Produktion mehr und mehr in Gegensatz zu den Werten und Normen der Kultur, der Konsum- und der Freizeitsphäre. Werden dort Disziplin, Organisation, Leistung, Solidarität und auch Verzicht verlangt, so überwiegen hier Expressivität, Spontaneität, Bindungslosigkeit und Befriedigung.

Und genau hier liegt das Dilemma Spaniens: Das Land hat in den letzten Jahren aus der Improvisation eine Tugend gemacht, hat mit den Olympischen Spielen ein riesiges Feuerwerk gezündet, Dauerfiestas organisiert und eine falsche Prosperitätsfassade errichtet – begünstigt durch reichliche Kapitalzuflüsse aus dem Ausland. Und damit meinten viele, den Sprung in die High-Tech-Moderne endgültig geschafft zu haben. Der Produktionsstandort und damit der tiefere Sinn des Begriffs Arbeit wurde in diesem Konsumrausch auf Pump völlig vergessen. Die jetzige Krise, die keine konjunkturelle Gewitterwolke ist, sondern eine ernstzunehmende Orientierungskrise, hat vieles wieder in die rechte Optik gerückt. Wohlverstanden: Es geht nicht darum, auf der Klaviatur der Ängste, des Pessimismus und der Verweigerungshaltung zu spielen, gleich den virtuosen Kassandras, die alles fördern, was aus rationaler Beurteilung dumpfe Emotion macht. Spanien braucht eine globale Strategie, welche die Gegenwartstendenzen nicht mechanisch fortschreibt, sondern echte Entwicklungsperspektiven offenbart.

Was für ein Staat?

(Kommentar vom 19. Oktober 1994)

Fast zwanzig Jahre nach dem friedvollen Übergang in die Demokratie tut sich das Land schwer mit dem eigenen Staat. Obwohl aufgrund historischer Reminiszenzen und insbesondere politischer Forderungen von Katalanen und Basken der Aufbau eines demokratischen Landes mit föderalistischen Strukturen heikel war und ist, konnte mit der Artikulierung von siebzehn autonomen Regionen und dem Transfer von weitgehenden Verwaltungskompetenzen ein Konsens gefunden werden.

Dabei war von Anfang an klar, dass die Dezentralisierung des spanischen Staates richtungsmässig und dynamisch ungleich verlaufen würde. Es gab eine Entwicklung der zwei Geschwindigkeiten: Die lärmenden Basken und Katalanen, die auf ihre Partikularismen und Rechte pochten, mussten umgehend zufriedengestellt werden, wenn die Zentrifugalkräfte nicht weiter zunehmen sollten. Die anderen Teile des Landes standen mehr oder minder hinten an. Der Vorwurf ist heute unüberhörbar, der Staat der autonomen Regionen sei eine Erfindung, um das Basken- und Katalanenproblem aus der Welt zu schaffen. Diese Situation schafft eine Malaise im Lande und unweigerlich auch gewisse Diskriminierungen, kurioserweise in beiden Lagern, sowohl unter den «ärmeren» wie auch den historisch «berechtigten» Regionen.

Mittlerweile ist unter den Landesteilen ein wahrer Wettlauf zur Einlösung von Rechten entstanden. Konkreter ist es zu einer Explosion der Ausgaben gekommen, als gelte das Motto: Wer mehr ausgibt, hat mehr Gewicht in den Verhandlungen mit Madrid. Diese Ausgabefreudigkeit der autonomen Regionen, die sich pikanterweise in ihrem Regierungsstil zentralistischer als der zu bekämpfende Zentralstaat gebärden, hat in Spanien zu einem finanziellen Notstand geführt. Gemessen am Bruttoinlandprodukt sind seit 1985 die Ausgaben der autonomen Regionen von 0,4 bis 2% gewachsen; in der gleichen Zeitspanne reduzierten sich diejenigen des Staates von 6,3 auf 3%. Das Beamtenheer hat sich in den letzten zehn Jahren durch Neueinstellungen in den autonomen Regionen gesamthaft mehr als verdoppelt. Heute warnen viele zu Recht: Wer den Staat ruinieren will, braucht sich nur etwas mehr Gerechtigkeit auszudenken, als Geld vorhanden ist, sie zu realisieren!

Die politische Opposition wagt sich nur zögerlich an das Problem heran. Die wahre Opposition bilden wieder einmal die führende Presse des Landes und die vielfach besonnene Bevölkerung. Der einflussreiche Luis María Anson, Direktor der Zeitung «ABC», sagt es treffend: «Spanien muss seine Kräfte bündeln; der Staat der autonomen Regionen ist so nicht finanzierbar, der heutige spanische Staat garantiert die pluralistische Entfaltung aller Regionen, aber diese natürlichen Aspirationen dürfen nicht endlos sein und den Staat untergraben. Die Idee und das Projekt Spanien als Ganzes müssen vermehrt in den Vordergrund treten.» Um es auch mit Ortega y Gasset zu sagen: «Nicht was wir gestern waren, sondern was wir morgen zusammen sein werden, vereinigt uns zum Staat.» Die spanischen Politiker sollten diesen Satz beherzigen.

Wucherndes Geschwür

(Kommentar vom 7. Dezember 1994)

Spanien kommt nicht zur Ruhe, auch wenn die sozialistische Regierung sich grösste Mühe gibt, den Anschein zu wahren. Die Demonstrationen, die Streiks und generell der Unmut über die Führung des Landes nehmen zu. Während wichtige Sektoren der Wirtschaft ums nackte Überleben kämpfen, die Pleitewelle vieler Klein- und Mittelfirmen anhält, nehmen die politischen Schlammschlachten an Vehemenz zu.

Man wird den Eindruck nicht los, Spanien ergötze sich täglich an nutzlosen politischen Diskussionen. Kein Tag vergeht, ohne dass ein Parteimann aus der ersten oder zweiten Reihe eine Erklärung über irgendeine belanglose Angelegenheit zur «Staatsaffäre» hochstilisiert. Zweifelsohne nimmt auch in Spanien die Politverdrossenheit zu. Viele Bürger sehen, dass manche Debatten zwischen den Parteien ohne grossen Realitätsbezug verhallen, ganz nach dem Motto «panem et circenses», also Brot und Spiele für das Volk. Es entsteht der Eindruck, als wollten die Urheber solcher Scharmützel von Bedrohlicherem ablenken. Das neue Phänomen der spanischen Politik heisst aber schlicht Korruption. Zwölf Jahre sozialistische Macht haben es ans Tageslicht gebracht: Die spanische Demokratie leidet heute an diesem Krebsgeschwür.

Zu Beginn dieser unglückseligen Geschichte, die Spanien in die Nähe italienischer Verhältnisse absinken liess, dachten wohl die meisten Bürger, die gegen die Regierung erhobenen Vorwürfe wären maliziöse Unterstellungen der politisch glücklosen Opposition und der Boulevardpresse. Mitnichten. Die hauptsächlich durch die seriöse Presse aufgedeckten Fälle von Korruption, Kommissionentransfer, Begünstigungen und weit verbreitetem Nepotismus füllen Bände. Bissige Kommentatoren bemerken zu Recht, González habe aus Spanien eine Demokratie der Schwager gemacht. Denn praktisch alle Verdächtigen haben einen Schwager, der im Schatten der Macht über Nacht zu ungeahntem Wohlstand gekommen ist.

Bis anhin blieb der Regierungschef unbehelligt. Auch wenn man ihm abnimmt, dass er integer ist und dem Sirenengesang des Geldes nicht folgt, hat auch er einen Schwager. Sein Name: Palomino. Die gegen diesen Schwager erhobenen Vorwürfe haben das politische Leben in Madrid wochenlang gelähmt. Die Regierung musste ein Dementi nach dem anderen abgeben. Die Sache ist auch so noch nicht von der Bühne.

González muss man aber andere zweifelhafte Verdienste zuschreiben: Spricht man in Italien von der Revolution der «mani pulite», also von der Bewegung der sauberen Hände, die landesweit die Korruption bekämpft, so wird in Spanien der Begriff der verbrannten Hände in die Annalen eingehen. So verkündete González, als er den wegen Korruptionsverdachts bedrängten Zentralbankgouverneur Mariano Rubio eiligst stützte: «Für ihn lege ich die Hand ins Feuer.» Resultat: Rubio musste gehen, kam zeitweise ins Gefängnis. Der Prozess ist hängig. Gleiches widerfuhr dem Regierungschef von Katalonien, dem konservativen Jordi Pujol, der ebenfalls seine Hand öffentlich dem Feuer preisgab. Sein Protégé war der Golden Boy der achtziger Jahre, der Finanzjongleur Javier de la Rosa, der heute im Gefängnis sitzt – wegen Betrug, Bestechung und anderem. So kann es nicht weitergehen in Spanien; es muss sich schleunigst etwas ändern.

Die spanische Frage

(Leitartikel vom 4. März 1995)

Spanien, 1983: Der junge Sozialistenführer Felipe González – getragen von zehn Millionen Wählerstimmen und mindestens so vielen Illusionen – hat just die Regierungsmacht übernommen. Im Land herrscht Begeisterung und Aufbruchstimmung. Der neue Hoffnungsträger und Vorkämpfer für die spanische Demokratie sieht sich aber umgehend mit schweren Altlasten konfrontiert. Insbesondere wütet der Terrorismus der baskischen Separatistenorganisation ETA. Aus dem Hinterhalt tötet die ETA unentwegt: Zwischen 1980 und 1982 steht ein Mord pro Woche in den blutgetränkten Annalen. Die Terroristen stützen sich auf die Sympathie eines Teils der baskischen Bevölkerung und nicht zuletzt auf die stillschweigende Duldung Frankreichs, das Unterschlupf gewährt.

Bedrängter Premier

In diesem Kontext will der Ministerpräsident den Terrorismus «mit allen zur Verfügung stehenden Mitteln» effizient bekämpfen. Natürlich impliziert dieser in jenen Tagen oft wiederholte Satz, dass die Mittel legal sein müssten. Der Kampf ist ungleich, die Erfolge der Polizei sind spärlich.

Die spanische Bevölkerung empfindet das Phänomen des Terrorismus als das grösste Hindernis für die friedvolle Entwicklung ihrer Gesellschaft. Politiker aller Parteien und baskische Wirtschaftsführer verglichen ihre Situation damals mit ähnlichen Entwicklungen in Italien oder Nordirland. Auch der Fall der Baader-Meinhof-Bande wurde genau analysiert. Aus jenen Tagen stammt der umstrittene Satz von Regierungschef González, es gelte, den Rechtsstaat sogar in den Abwasserkanälen zu verteidigen. Damals fand der Premier mit solchen Äusserungen Verständnis in der Bevölkerung, die ein hartes Vorgehen gegen die Terroristen forderte. In diesem Umfeld wurden die Grupos Antiterroristas de Liberación (Gal) geboren, die – wie mittlerweile bekannt – für 27 Morde meist auf französischem Boden verantwortlich zeichnen: Terror und Gegenterror, letzteres von Parapolizisten organisiert und durchgeführt, prägten die politische Auseinandersetzung.

Szenenwechsel. Spanien, 1995, Sonntagabend, 26. Februar: Premier González erklärt in einem langen Fernsehinterview, er könne sich vorstellen, dass in einem von brutalem Terrorismus beeinflussten Klima gewisse Gruppen ausserhalb der Legalität antiterroristische Aktionen unternähmen. Der Ministerpräsident ist arg in Bedrängnis. Der Fall Gal hat ihn eingeholt. Dass es soweit gekommen ist, erklärt sich teilweise dadurch, dass die ETA 1995 nicht mehr Problem Nummer eins der Spanier ist. Die ETA tötet weniger und ist auch zunehmend politisch isoliert, ja in den eigenen Reihen diskreditiert. Die Gefahr bleibt jedoch latent.

Die spanische Gesellschaft ist heute pluralistischer, die Demokratie hat sich entwickelt, Autonomieregionen konnten sich entfalten – das alles sind Faktoren, die das Baskenproblem entscheidend entschärft haben. Deshalb auch schien die Geschichte der Gal für immer vergessen... Dass sie ausgerechnet jetzt mit aller Gewalt ans Tageslicht hervorbricht, lässt sich auch mit der zunehmenden Schwäche der regierenden Sozialisten erklären. González, der in über zwölf Jahren Amtszeit Korruptionsaffären, Wirtschaftskrisen, Anfechtungen der eigenen Partei und der Opposition gemeistert hat, ist offensichtlich zu lange an der Macht geblieben und hat an Glaubwürdigkeit eingebüsst. Seine Zeit ist abgelaufen, auch wenn er das nicht einsehen will. Das politische Erdbeben um den Ministerpräsidenten entlädt sich seit 1994 in immer heftigeren Stössen. Heute steht auch er unter Verdacht.

Der Auslöser der Gal-Krise ist der junge und zähe Untersuchungsrichter Baltasar Garzón, der selbst bis vor kurzem mit der politischen Macht flirtete, sich von González einspannen liess, um dann frustriert seinen kurzen Gang durch das Innenministerium zu beenden und wieder die Richtertoga überzuziehen. Viele werfen dem Magistraten Starallüren vor, er kopiere seinen italienischen Kollegen Di Pietro. Andere reiben sich maliziös die Hände und wissen genau, dass dieser Mann eine Zeitbombe für die erschütterte Regierung ist.

Verunsicherung wächst

Die spanische Justiz zelebriert heute ihre in der Verfassung unmissverständlich eingeräumte Unabhängigkeit von den anderen Institutionen des Staates. Viele sehen darin einen Beweis für das Funktionieren der Demokratie. Andere empfinden ein gewisses Unbehagen ob dem eifrigen Tun der Richter, die einen Freipass zu haben scheinen, wenn es darum geht, einen Verdächtigen in Untersuchungshaft zu stecken – manchmal fast nach dem Motto: je prominenter desto besser. Das Klima der Enthüllungen von immer neuen Bestechungs- und Korruptionsaffären, von Verleumdungen und Anschuldigungen erscheint auf Dauer unerträglich. Der Unmut und die Unsicherheit in der Bevölkerung wachsen täglich.

Nun melden sich sämtliche Stände der Gesellschaft, um den mahnenden Zeigefinger zu erheben: Bankiers, die auf die politische Instabilität deuten, Gewerkschaftsführer und Arbeitgebervertreter, die für einmal gemeinsam Regierung und Opposition auffordern, die Situation nicht überborden zu lassen. Auch die Bischöfe melden sich zu Wort und sprechen von der Notwendigkeit einer moralischen Erneuerung der Gesellschaft.

In Madrid herrscht Desillusionierung und eine gewisse Erwartungshaltung. Die Ereignisse überschlagen sich. Am Dienstag dieser Woche platzte erneut eine Bombe: Luis Roldán, der ehemalige Chef der Guardia Civil, ist in Laos festgenommen und umgehend nach Spanien überführt worden. Roldán, dem verschiedene Delikte vorgeworfen werden, war über ein Jahr hinweg der meistgesuchte Spanier. Mit seinem Untertauchen fügte er der sozialistischen Regierung enormen Schaden zu, weil in der Öffentlichkeit die Meinung kursierte, die Regierung könne hinter dem Verschwinden stecken.

Rücktritt in Würde

Spanien steckt heute in einem politischen und wirtschaftlichen Labyrinth – aber auch in einem Labyrinth der Ideen. Man wird den Eindruck nicht los, das Land sei zu stark politisiert. González selbst hat diese überspitzte und ätzende Kritik an der Regierungsarbeit beklagt. Er vergisst nur, dass er Hauptexponent und Hauptursache der schweren Krise ist. Wie kann nun aber verhindert werden, dass sich Spanien zunehmend italianisiert? Luis María Anson, Vordenker und einflussreicher Direktor der führenden Tageszeitung «ABC», warnt dieser Tage davor, Premier González einen würdigen Abgang zu verwehren. Eine solche Lösung der Krise wird indes schwieriger, je länger sich der Premier in seinem Amt verschanzt. Nach eigenen Worten will er am liebsten die Legislaturperiode mit Hilfe der ihn unterstützenden katalanischen Bürgerlichen durchstehen.

Realitätsnäher sind wohl aber andere Perspektiven: González übernimmt Mitte des Jahres den EU-Vorsitz und pflegt damit sein ramponiertes Ansehen. Im Verlaufe des zweiten Halbjahrs kündigt er dann für 1996 vorgezogene Neuwahlen an. Die grosse Oppositionspartei, der Partido Popular (PP) unter José María Aznar, hat bereits signalisiert, dass sie dieses Vorgehen akzeptieren könne. Dies würde der sozialistischen Partei einen geordneten Rückzug in die Opposition ermöglichen. Ein völliger Zusammenbruch der heutigen Regierungspartei und eine Übernahme des linken Spektrums durch die kommunistische Izquierda Unida wäre alles andere als eine Wunschkonstellation und würde zu einer Radikalisierung des politischen Alltags in Spanien führen.

Der Partido Popular strebt andererseits eine möglichst mehrheitsfähige Regierung an. Ob er dieses Ziel erreicht, ist zumindest fraglich. Unübersehbar braucht Spanien eine starke Regierung und eine starke Opposition. Aber auch alles beherrschende Mehrheiten, wie sie die Sozialisten über zwölf Jahre hindurch bildeten, sind für die demokratische Kultur problematisch. Insgesamt müssen sich die politischen Führer Gedanken darüber machen, wie sie die spanische Demokratie beleben können, um der Parteiverdrossenheit vieler Bürger entgegenzuwirken. Vermutlich müsste die jetzige Proporzwahl durch ein Majorzsystem ersetzt werden, so dass der Wähler genauer wüsste, wem er die Stimme gibt. Ratsam wäre es auch, wenn die Amtszeit des Regierungschefs auf zwei Mandate beschränkt würde. Im weiteren sollen Doppelfunktionen vermieden werden. Insbesondere ist möglichen Friktionen mit dem Staatsoberhaupt vorzubeugen. Auch ist eine künftige direkte Wahl des Regierungschefs denkbar, um Machtrochaden zu verhindern, wie sie die UCD von Adolfo Suárez erlebte. Eine Regierung erhielte dadurch die direkte Legitimation durch das Stimmvolk; der Einfluss der Parteizentralen würde entsprechend zurückgebunden.

Es geht konkret darum, aus den Erfahrungen der politischen Übergangszeit zu lernen und eine Diktatur der Parteien zu verhindern. Der Presse kommt in diesem Umfeld eine Schlüsselfunktion zu. Sie kann aber nicht die eigentlichen Aufgaben einer wachen Opposition übernehmen. Und genau diesen Vorwurf muss sich heute die Rechtsopposition gefallen lassen: Sie hat ihre Anliegen und ihr Programm zu wenig genau definiert. Wenn man heute in Spanien von einer politischen Pattsituation spricht, dann trägt die Regierung, aber auch die Opposition eine entscheidende Verantwortung an diesem Zustand.

Trotz der enormen Abnützung der regierenden PSOE vermochte der Partido Popular die Wählerschaft nicht vom Nutzen einer politischen Wende zu überzeugen. Dabei ist zwischen den beiden Lagern ein hartes Rennen um die Macht entbrannt. Die Situation von Premier González ist in diesem Umfeld wenig komfortabel, weil er auch zunehmend die internationalen Märkte gegen sich hat: Die Schwäche der Peseta ist ein Alarmzeichen. So oder so: In den nächsten Wochen wird sich in Spanien einiges bewegen – hoffentlich Entscheidendes.

Aznar tritt aus dem Schatten von González

(Artikel vom 31. Mai 1995)

Die Spanier haben sich in den vergangenen Jahren mit der Person des Oppositionsführers José María Aznar schwergetan. Man konnte ihn nirgends recht einfügen – nicht als Chef der stärksten Oppositionspartei, nicht als Leader einer neuen spanischen Rechten, und schon gar nicht als potentiellen Ministerpräsidenten Spaniens. Alles was Aznar tat und sagte, drehte sich unweigerlich, gleich einem Satelliten, um den Fixstern Felipe González. In den letzten dreizehn Jahren war der sozialistische Premier der unbestrittene Beherrscher der spanischen Politikerszene. Zutreffend ist die Einschätzung, wonach sich die überlange sozialistische Vorherrschaft nur im Schatten der charismatischen Persönlichkeit eines González halten konnte.

Beschwerlicher Aufstieg

Spätestens seit dem Wahlsieg des Partido Popular (PP) vom vergangenen Wochenende scheint jedoch diese Rollenverteilung nicht mehr zu stimmen: Aus den Regional- und Kommunalwahlen ist der PP in 42 der 52 Provinzhauptstädten als stärkste Kraft hervorgegangen. Mit einem Wähleranteil von 35,1% im Landesdurchschnitt (1991: 25,2%) distanzierte die von Aznar geführte Partei die Sozialisten deutlich: Premier González vermochte die korruptionserschütterte Regierungspartei nicht vor einem Einbruch in der Wählergunst von 38,4% im Jahr 1991 auf nunmehr 30,8% zu bewahren.

So richten sich heute die Blicke zunehmend auf den lange verschmähten Oppositionsführer, dem nunmehr gute Chancen auf die Nachfolge von González eingeräumt werden. Es ist augenfällig, dass Aznar einen ganz anderen Stil pflegt, ja pflegen muss. Während González im Zenit seiner politischen Laufbahn gar als Symbol der jungen spanischen Demokratie gesehen wurde, trug Aznar lange das Stigma des hölzernen, farblosen Knappen, der zum Ritter in der spanischen Politlandschaft aufsteigen wollte. Als er an politischer Statur gewann, verschmähte ihn die Presse nicht selten mit dem Titel eines Ritters der traurigen Gestalt. Mittlerweile ist Aznar Sprosse um Sprosse höher geklettert. Gerne wird er jetzt mit dem kleinen David verglichen, der bereits zum zweitenmal Goliath besiegt habe. Viele Beobachter sind heute der Ansicht, dass der dritte Sieg in greifbare Nähe gerückt ist, womit sich die Pforten zum Regierungssitz öffnen werden. Zur emotionalen Wertschätzung hat nicht zuletzt der missglückte Anschlag der baskischen Terrororganisation ETA beigetragen, dem der Oppositionsführer vor kurzem mit unfassbarem Glück entkam. Andere schätzen Aznar gerade wegen seiner kühlen, distanzierten und unscheinbaren Art, die den rechtschaffenen Mann verkörpert. Aznars Verdienst war es, die lange Reise vom rechten Parteienspektrum hin zur politischen Mitte rechtzeitig angetreten und auf dem Weg dorthin eine immer grössere Gefolgschaft um sich geschart zu haben: Der Partido Popular (PP) ist heute eine Mittelstandspartei und nicht mehr jene furchterregende Rechte, welche die Sozialisten gerne an die Wand malen. Zudem hat es Aznar verstanden, den PP zu modernisieren und zu disziplinieren. Richtigerweise setzte er eine Verjüngung der Parteispitze durch: Die sogenannten Cachorros, 30- bis 40jährige, kommen im Kreis der Jugendlichen gut an. Durch diese Erneuerung vermochte die Partei die alte Brandmarke des Rechtsradikalismus abzustreifen.

Weg vom rechten Spektrum

Schliesslich vermittelt Aznar auch ein Bild der Bescheidenheit. Nach Jahren der grandiosen sozialistischen Paraden à la Weltausstellung oder Olympischen Spielen und einem durch Korruption zunehmend vergifteten politischen Klima steht Aznar für moralische Erneuerung. Der ehemalige Finanzinspektor verkörpert und verkündet in all seinen Reden den neuen Zuschnitt des öffentlichen Beamten, der im Dienste der Allgemeinheit zu stehen habe – schmucklos und professionell.

Das alles sind Tugenden, die zur Beseitigung der politischen Altlasten in Madrid beitragen können. Offen bleibt aber ein inhaltlich definiertes Regenerationsprogramm, welches Spanien Impulse zu geben vermag. Dies ist Aznar den Spaniern bis heute schuldig geblieben. Ohne ein Aufbauprogramm mit klaren Konturen, wird es nicht gehen. Damit muss er auch versuchen, den Druck auf die sozialistische Regierung hochzuhalten: González denkt vorläufig nicht an einen vorgezogenen Urnengang und will die Parlamentswahlen programmgemäss 1997 über die Bühne bringen. Ob die katalanischen Nationalisten um Jordi Pujol, die den Sozialisten die Mehrheit im Parlament sichern, so lange zuwarten werden, steht jedoch auf einem anderen Blatt.

Trügerische Sommerruhe

(Kommentar vom 19. August 1995)

Ganz Spanien scheint in diesem Monat August im Urlaub zu sein. Städte wie Madrid, Barcelona oder Sevilla wirken ausgestorben und menschenleer. Offensichtlich ist es vielen Spaniern ein grosses Bedürfnis, für einige Zeit dem drängenden Alltag zu entfliehen. Gleiches gilt für Regierungschef Felipe González und seine Minister, die allesamt in der iberischen Geographie entschwunden sind.

Der Schein trügt jedoch: Allein das soeben bekanntgewordene Komplott der baskischen Terror-Organisation ETA gegen den spanischen König, der am letzten Sonntag vor seinem Feriensitz hätte ermordet werden sollen, ist Anlass zu höchster Beunruhigung. Was wäre geschehen, wenn es der spanischen Polizei nicht gelungen wäre, in letzter Minute zu intervenieren? Vor knapp vier Monaten lancierte die ETA bereits ein spektakuläres Bombenattentat auf José María Aznar, den Oppositionsführer und erfolgversprechenden Anwärter auf das Amt des Regierungschefs – ein Attentat, das knapp scheiterte.

Den meisten Spaniern ist heute klar, dass die durch die Sozialisten verursachte politische Instabilität ihren gefährlichen Zenit erreicht hat. Und gerade in diesem Land ist historisch belegbar, dass politische Instabilität und Unrast die radikalsten Elemente der Gesellschaft in Bewegung setzen. Auch nach zwanzig Jahren demokratischer Realität mordet die ETA weiter, führt einen sinnlosen Kampf für die Errichtung eines von der grossen Mehrheit nicht gewollten marxistischen Staats – so als könnte man das Rad der Geschichte mit blutigem Terror zurückdrehen.

González tut vielleicht gut daran, sich eine Verschnaufpause zu gönnen. Im September erwartet ihn bestimmt die härteste Zeit seiner politischen Karriere, vermutlich die schwierigste Zeit seines Lebens. Der angeschlagene Premier könnte sogar in einen Prozess verwickelt werden wenn die Untersuchungsbehörden beweisen können, dass er mit den illegalen Antiterror-Gruppen GAL zu tun hatte. Ein ehrenvoller Abgang wäre damit González versperrt – eine Aussicht, die keinen echten Demokraten begeistern kann. Es warten aber noch weitere Belastungen auf ihn: die Verabschiedung des Staatshaushalts; die Eindämmung der aufbegehrenden Nationalismen; die rasche Beilegung des völlig entgleisten Fischereikonflikts, um nur einige Problemherde zu nennen. Damit aber nicht genug. Der Sozialistenführer wird schmerzhaft erleben müssen, wie ihm der katalanische Regierungschef Jordi Pujol, auf den er sich im Parlament bislang stützte, jäh die Unterstützung entziehen wird. Schliesslich wird González vorzeitige Generalwahlen ausrufen müssen – um sie zu verlieren!

Für den seit 1982 amtierenden Regierungschef beginnt im September der Abgesang, dessen Inszenierung er praktisch nicht mehr selbst bestimmen kann. Die Ereignisse haben González überrollt. Da hilft ihm auch die EU-Präsidentschaft nicht, die er bis Ende Jahr bekleidet. Die Spanier sind ob der Korruption und der vielen Skandale müde geworden, ihre sprichwörtliche Überraschungsfähigkeit ist auf den Nullpunkt gesunken. Das Land leidet diesen Sommer an einer brutalen Trockenheit, und die Spanier lechzen buchstäblich nach Wasser – aber auch nach politischem Wandel und Neuorientierung. Die Entscheidung für eine solche Wende fällt im Herbst.

Die Opposition in Nöten

(Kommentar vom 8. November 1995)

Die politische Erneuerungsfähigkeit des wegen zahlreicher Korruptionsaffären und Misswirtschaft schwer angeschlagenen Premierministers Felipe González versetzt derzeit ganz Spanien ins Staunen. Viele hatten gedacht, mit der Ankündigung von vorgeschobenen Neuwahlen im kommenden März wäre der Sozialistenführer endlich einsichtig geworden. Taktisch geschickt versuchte sich der Regierungschef in den vergangenen Monaten aus der immer enger werdenden Schlinge von gravierenden Anschuldigungen zu befreien.

Die meisten der gegen ihn und seine Regierung erhobenen Vorwürfe hätten für eine sofortige und unwiderrufliche Demission gereicht. Den brisantesten Vorhalt, nämlich die mögliche Beteiligung der sozialistischen Regierung an der illegalen Anti-Terror-Organisation GAL, ist nun Anlass einer gerichtlichen Untersuchung, die den ehemaligen Innenminister – aber unter Umständen den Regierungschef selbst – treffen wird.

Von Rücktritt wollte González aber nichts wissen. Was er sich im abgelaufenen Jahr an ätzender Kritik, An- und Beschuldigungen und unflätigen Bemerkungen gefallen liess, wird nicht in die Annalen der spanischen Parlamentsgeschichte eingehen. Und immer wieder verfiel der Premier in seine nunmehr bekanntgewordene Vogel-Strauss-Politik. Seine Devise lautete stets: ausharren. Unverfroren griff er immer wieder auf die abgenutzte Formel zurück, im «Interesse des Staates» zu handeln. Staatsmännisches Format vorgaukelnd, vermochte er der Öffentlichkeit plausibel zu machen, er könne nicht während der EU-Präsidentschaft – die Spanien in diesem Halbjahr innehat – Neuwahlen abhalten oder gar zurücktreten.

Die Opposition ihrerseits hat sich mit der langen Agonie der Sozialisten auch im eigenen Interesse abgefunden und weist jede Verantwortung an der politischen und wirtschaftlichen Pattsituation des Landes von sich. Währenddessen wird in Spanien nicht regiert, werden die Interessen des Landes nicht mit aller Konsequenz verteidigt. Paradoxerweise hat man dieser Tage in Spanien nicht den Eindruck, als wenn der oppositionelle Partido Popular (PP) im Siegeszug durch das Land ziehen würde. Vier Monate vor den Generalwahlen ist nichts von der Aufbruchsstimmung zu spüren, die einen baldigen politischen Wechsel im Lande ankündigt – auch wenn der Partido Popular nach Meinungsumfragen heute die Mehrheit der Stimmen auf sich vereinen würde. Die Frage ist nur, in welchem Ausmass und ob der PP fähig ist, die absolute Mehrheit zu erringen und die Sozialisten nach vierzehnjähriger Alleinherrschaft entscheidend zu schlagen.

Kurioserweise wittert González wieder Morgenluft, kündigt aus New York an, er werde die Wahlen im März erneut gewinnen. Währenddessen arbeitet seine Partei auf Touren, um das ramponierte Image des Vorsitzenden und der eigenen Organisation zusammenzuflicken. González wird nicht mehr in das Licht eines Demokraten ohne Furcht und Tadel gestellt – man ist bescheidener geworden ob so vieler Skandale. Die Marketingabteilungen verkaufen González heute als das geringere Übel. Man fängt an, die Wähler mit folgender Formel zu ködern: «Die Opposition ist schwach und verspricht nichts, ergo bleibt bei uns.» Eines ist sicher: Der nächste Kandidat der Sozialisten heisst González. Die Opposition muss sich mächtig sputen.

Vor der konservativen Wende

(Kommentar vom 28. Februar 1996)

Nach dreizehnjähriger Herrschaft der Sozialisten zeichnet sich in Spanien ein Sieg der Konservativen ab: Letzten Umfragen zufolge hat der Partido Popular gar Chancen, am kommenden Sonntag die absolute Mehrheit im Parlament zu erringen: So könnte José María Aznar, der 43jährige Chef der Volkspartei, den Politstar Felipe González als Ministerpräsidenten ablösen. Spanien steht damit eine Wende bevor wie zuletzt 1982, als die Sozialisten einen berauschenden Wahlsieg feierten.

Die sich abzeichnende Machtablösung bahnte sich nur langsam an und wird nicht die gleiche Aufbruchstimmung wie 1982 hervorrufen. Das liegt am Stil der Konservativen und ihres wenig charismatischen Führers, der dem Premier lange nicht Paroli zu bieten vermochte. Unbestreitbar hat aber Aznar in letzter Zeit an politischem Format gewonnen.

González hat in diesem Wahlkampf erneut auf sämtlichen Registern gespielt: Er liess gar eine Hetzkampagne seiner Partei zu, in der die Stimmung vor der «kommenden Rechten» angeheizt wurde: In einem Video wird die Partei Aznars durch unterschwellige Filmsequenzen angeschwärzt, die Emotionen vor einer Atomexplosion, Fliegeralarm und einem bissigen Dobermann wachrufen sollen. Die Sozialisten stellen sich in ein positives Licht: Ihr Spanien ist eine Frühlingslandschaft mit Mädchen in Miniröcken!

Trotz dieser verzweifelten Bemühungen wird es González nicht mehr schaffen. Zu stark sind sein Image und seine Glaubwürdigkeit lädiert. Dem Schlangenbeschwörer von 1993, der es knapp nochmals schaffte, folgen offenbar nicht mehr genügend Spanier. Viele Bürger erachten die vergangenen drei Jahre als eine verlorene Zeit, in der die Skandale um Korruption und Machtmissbrauch fast täglich zu Schlagzeilen führten.

Wenn González die Wahlen verliert, dann ist das nicht nur dem Verschleiss einer langen Regierungszeit zuzuschreiben – oder dem Partido Popular, der zusehends Terrain in der politischen Mitte besetzen konnte. Eine wichtige Rolle kommt der Presse zu, die den Regierungschef praktisch gestürzt hat. Die Zeitungsmacher Luis María Anson von «ABC» und Pedro J. Ramirez von «El Mundo» haben in den letzten Jahren eine beeindruckende Oppositionsrolle gespielt und Machtübergriffe der Sozialisten aufgedeckt. Ohne den massiven Support der Presse hätte es Aznar möglicherweise auch in diesem Anlauf gegen den schillernden Sozialistenführer schwer gehabt.

Zwei weitere Problemkreise haben fraglos zum jetzigen politischen Umbruch geführt: die hohe Arbeitslosigkeit und der Terrorismus. Obgleich er dreizehn Jahre Zeit hatte und viele Versprechen abgab, hat González an beiden Fronten versagt. Die Arbeitslosigkeit hat mit 24% der Erwerbswilligen einen neuen Höchststand und gleichzeitig einen traurigen Europarekord erreicht. Der Terrorismus der menschenverachtenden ETA hat sich wieder auf den makabren Stand von 1980 intensiviert. Nicht nur zur Bewältigung dieser Herausforderungen braucht Aznar die absolute Mehrheit; für sein Konzept der Regeneration Spaniens ist sie unerlässlich. Gebannt verfolgen Beobachter den derzeitigen Endspurt und versuchen Rückschlüsse für mögliche Szenarien zu ziehen. Entscheidend wird sein, in welchem Ausmass Aznar gewinnt und González verliert.

Ein blasser Sieg

(Kommentar vom 6. März 1996)

Den Umfragen zum Trotz ist der Sieg der Konservativen über die seit dreizehn Jahren regierende Sozialistische Partei (PSOE) hauchdünn ausgefallen. Das ist die eigentliche Überraschung dieser Parlamentswahlen in Spanien. Ungeachtet des Missmuts vieler Bürger über die lange Regierungszeit der Sozialisten mit all ihren Skandalen und Korruptionsaffären – die ja eigentlich zu diesen vorzeitigen Wahlen geführt haben – gelingt es der PSOE, über neun Millionen Wähler hinter sich zu scharen. Damit sind die Sozialisten keineswegs entscheidend zurückgeworfen, sie halten sich auf einer soliden und in absehbarer Zeit wieder mehrheitsfähigen Ausgangsposition, lediglich 1,5% hinter dem Stimmenanteil des Partido Popular.

Angesichts dieser Resultate behält Noch-Premierminister Felipe González recht, wenn er an seiner ersten Pressekonferenz nach den Wahlen lapidar feststellt: «Noch nie war ein Sieg so bitter und eine Niederlage so süss.» Er witzelte gegenüber seinen Anhängern, es habe ihm eine Woche oder eine Debatte zum Sieg gefehlt. González markierte den erfahrenen Staatsmann und strich hervor, dass der Wahlausgang im Sinne der politischen Alternanz positiv zu werten sei. Historisch gesehen ist die sozialistische Ära in der jungen spanischen Demokratie vorerst zu Ende, auch wenn die PSOE eine fest verankerte Stellung einnimmt.

Der Partido Popular des José María Aznar hat die ersehnte absolute Mehrheit deutlich verpasst. Mit 156 Sitzen ist seine Ausgangslage schwierig. Er muss das Gespräch mit anderen politischen Formationen, allen voran mit der katalanischen CiU von Jordi Pujol, suchen und finden. Dass Pujol Aznar nicht sonderlich mag, ist bekannt. Es wird sich auch zeigen, ob die PSOE eine konstruktive Opposition zu führen vermag – oder mit der neuen Regierung auf Kollisionskurs geht. Von besonderer Bedeutung wird die künftige Rolle der sozialistischen und kommunistischen Gewerkschaften sein, die in den vergangenen Jahren geduckt abseits standen. Sozialisten und Gewerkschaften werden es nicht zulassen, dass man an den Grundpfeilern ihres Wohlfahrtsstaats rüttelt.

Aznar steht mit seinem glanzlosen Sieg ziemlich alleine da. Er, der es verstanden hat, seine Partei zu reformieren und die politische Mitte zu besetzen, wird sich in Zukunft auch gegenüber seinen eigenen Gefolgsleuten als unbestrittener Führer behaupten müssen. Es ist in diesem Wahlkampf offensichtlich geworden, dass er einem González nicht ganz gewachsen ist. Anders könnte man sonst das dünne Ergebnis nicht interpretieren. Die Regierungsbildung wird von allen Akteuren viel Fingerspitzengefühl verlangen, um Spanien die dringend benötigte politische Stabilität zu sichern. Was aber wirklich ansteht, ist das eigentliche Regieren nach drei Jahren des politisch-wirtschaftlichen Zickzackkurses. Am Montag meldeten sich prompt die Märkte, die dem knappen Wahlausgang vorerst nicht viel Gutes abgewinnen können. Madrid erlebte einen schwarzen Börsentag, die Peseta wurde deutlich zurückgestuft. Diese Mahnung dürfen die Politiker nicht ignorieren!

Aznar erhält eine Chance

(Kommentar vom 1. Mai 1996)

José María Aznar hat es endlich geschafft und den beschwerlichen Weg zur Macht hinter sich gebracht. Dass es so weit ist, verdankt er dem katalanischen Königsmacher Jordi Pujol. Dieser hält mit seiner bürgerlich-nationalistischen Formation Convergencia i Unio (CiU) die spanische Politik seit geraumer Zeit in Schach. Auch Aznars Regierung kann künftig von den katalanischen Nationalisten leicht gestürzt werden. Für diese ist die Besiegelung des Koalitionsabkommens vom Sonntag ein Erfolg auf ganzer Linie. Aznar musste ihnen weitgehende Konzessionen machen, die verglichen mit den von ihm im Wahlkampf vertretenen Thesen einer Kehrtwendung gleichkommen.

Der Führer des Partido Popular zog in den Wahlkampf mit der Parole der notwendigen Stärkung Spaniens. Viele seiner Anhänger verstanden diesen Leitspruch als Wink an die Nationalisten, wonach ständige Forderungen der Katalanen und Basken nach mehr Autonomie ein natürliches Dach haben müssten. Zur Durchsetzung dieser Politik braucht Aznar die absolute Mehrheit, die er am 3. März nicht erreichte. Um die langersehnte Macht nicht zu verlieren, aber auch um dem Land die dringend nötige Stabilität zu geben, hat Aznar innert 55 Tagen sein ideologisches Rüstzeug so weit den politischen Realitäten angeglichen, dass eine Annäherung an den katalanischen Präsidenten möglich wurde.

Institutionell gesehen ist das Abkommen ein Erfolg, denn es manifestiert, dass in Spanien keine chaotischen Verhältnisse herrschen und dass eine neue Kultur der politischen Pakte funktioniert. Es ist ein Verdienst Aznars, dass er sich Optionen nach allen Seiten des angestrebten politischen Zentrums freihält. Die Verständigung des Partido Popular mit den Nationalisten hat in dieser Optik historische Bedeutung. Die Konservativen hatten zu lange das Stigma einer zentralistischen Partei zu tragen. Die Katalanen ihrerseits werden beweisen müssen, dass auf sie in Sachen Regierbarkeit des Landes Verlass ist. Nach einer längeren Phase des politischen Übergangs braucht nun Spanien eine Periode mit ausreichender politischer Stabilität, in der die Regierung ihre Aufgaben voll wahrnehmen kann.

Am Freitag und Samstag findet im spanischen Parlament die Investitursitzung statt. Aus dieser wird Aznar als neuer Regierungschef herausgehen.

Wenn es ihm gelingt, Kräfte zu bündeln, die Wirtschaft fit zu machen und darüber hinaus das Bild einer sauberen, korruptionsfeindlichen Regierung aufrechtzuerhalten, dann hat er Chancen, an Charisma zu gewinnen – und an Wählerpotential. Dieses braucht er mittelfristig, um nicht Ministerpräsident auf Abruf zu bleiben. Schliesslich wird Aznar viel Kraft und Geschick brauchen, um seine Politik zu artikulieren. Mit dem jetzt abgeschlossenen Pakt verliert die Zentralregierung an Gewicht zugunsten der Regionalregierungen. Der Ausbau der Steuerhoheit der Regionen – eines der Verhandlungsergebnisse – wird den angeschlagenen Haushalt noch mehr belasten, wird Maastricht noch weiter von Spanien entfernen. Zur Steigerung der Wettbewerbsfähigkeit muss die Umstrukturierung des Staats möglichst schnell vorangetrieben werden. Aznar erhält jetzt eine Chance, mehr ist es nicht.

Vertrauen in die Regierung Aznar

(Kommentar vom 8. Februar 1997)

Spaniens Wirtschaft gewinnt langsam wieder Fahrt, nachdem sie seit 1991 zusehends in die europäische Wirtschaftsflaute hineingezogen worden ist. Zwischen 1994 und 1996, bedingt auch durch die Führungsschwäche der sozialistischen Regierung, machten Spaniens Unternehmen kaum mehr Fortschritte.

José María Aznar, der heutige konservative Regierungschef, hat vergangenes Jahr ein schweres Erbe übernommen, galt es doch, das Land von den täglichen Korruptionsskandalen zu befreien. Zudem mussten und müssen die Rahmenbedingungen für die serbelnde Wirtschaft verbessert werden. Trotz teilweise berechtigter Kritik ob des anfänglich etwas unbeholfenen und in der Kommunikation nach aussen nicht überzeugenden Regierungsstils hat Aznar in kurzer Zeit einiges bewirkt: Das tägliche Leben scheint heute weniger durch politische Ereignisse geprägt zu sein. Das Image einer «sauberen» Regierung ist intakt, auch wenn Aznar genau weiss, dass er von den Wählern keinen Persilschein bekommen hat.

Die Befriedung des öffentlichen Lebens hat Vertrauen geschaffen. In den vergangenen Monaten haben die Investitionen von Ausländern markant zugenommen. Die zeitweise euphorische Stimmung der Madrider Börse gipfelte Ende Jahr in einem Jahresplus von 42%. Madrid schloss damit besser ab als alle anderen europäischen Börsen. Es sieht so aus, als sei diese Regierung bemüht, sich ernsthaft nach den Maastrichter Kriterien zu orientieren. Im weiteren durchläuft Spanien die grösste Privatisierungswelle seiner Geschichte. Perlen aus Spaniens Unternehmenswelt wie Telefónica, Argentaria, Repsol oder gar das staatliche Fernsehmonopol werden in einem bemerkenswerten Tempo privatisiert. Kritisch könnte man anmerken, dass die konservative Regierung da und dort überstürzt vorgeht. Ihre Wirtschaftspolitik sorgt jedoch für mehr Wettbewerb, was den Verbrauchern zugute kommen wird. Gerade die spanische Wirtschaft benötigt dringend eine neue Wettbewerbskultur.

Auf diesem Weg können der Regierung die Anzeichen einer wirtschaftlichen Besserung nur dienlich sein. Noch nie war die Inflation in den letzten dreissig Jahren so tief wie heute mit knapp 3,2%. Dieser Leistungsausweis ist um so beachtlicher, wenn man sich erinnert, wie schwierig die Inflationsbekämpfung in Spanien traditionell war. Im weiteren wurde im letzten

Quartal 1996 eine Steigerung des Bruttoinlandprodukts um 2,3% gemessen; das ist immer noch zu wenig, aber die Tendenz ist ermutigend. Weiterhin unbefriedigend ist die Konsumneigung. An dieser Front müssen noch Fortschritte erzielt werden, wenn das BIP-Wachstum auf über 3% gesteigert werden soll. Nur auf einem solchen Wachstumsrhythmus sind schnelle Fortschritte in der Sanierung der öffentlichen Haushalte und in der Schaffung neuer Arbeitsstellen möglich.

Immerhin hat sich im vergangenen Jahr die Arbeitslosigkeit um 160 000 Personen zurückgebildet. Die unmittelbaren Herausforderungen der Regierung liegen denn auch in diesem sensiblen Bereich. Die Besserung in der Wirtschaft muss auch für den einfachen Mann auf der Strasse spürbar werden. Die bevorstehende Reform des Arbeitsmarkts wird dabei entscheidend sein, dass verkrustete Strukturen beseitigt werden können. Für ihre mutige Politik verdient diese Regierung aber vorerst Lob.

Kampf um Medieneinfluss

(Kommentar vom 26. Februar 1997)

Dass die meisten Spanier ausgeprägte Fussballnarren sind, ist eine Binsenwahrheit. An einem Samstagabend sind die Strassen Madrids oder anderer Städte leergefegt, und schon lange klagen die Bars und Restaurants und sonstigen Unterhaltungsbetriebe über einen dramatischen Rückgang ihrer Einkünfte. Spanien hockt dann vor dem Fernseher und zittert mit seinem Lieblingsstar Raul, Bebeto oder wem auch immer – und sie allesamt schiessen natürlich immer zuwenig Tore!

Überhaupt hat sich Spanien in den vergangenen Jahren gesellschaftspolitisch grundlegend verändert. Das Medium Bildschirm nimmt eine immer wichtigere Rolle im Leben der meisten Familien ein. Viele Zeitgenossen, die Spanier eingeschlossen, verhalten sich den Massenmedien gegenüber mit einer bemerkenswerten Gleichgültigkeit und ausschliesslich konsumierend. Nicht wenige Soziologen merken an, dass der Fernsehkasten in Spanien viel zur Beseitigung der immer latenten Klassengegensätze beigetragen habe.

Vor diesem Hintergrund muss man die letzten, spektakulären Bewegungen einiger spanischer Medienkonzerne sehen, die mit einem Handstreich die Fussball-Übertragungsrechte monopolisieren wollten. Noch im vergangenen Jahr versammelte die Regierung die verschiedensten Gruppierungen, um eine möglichst breite Grundlage für die Vermarktung des digitalen Fernsehens zu schaffen. Überraschend sprangen jedoch um die Weihnachtszeit Antena3 und die Prisa-Gruppe, Betreiberin der Tageszeitung «El Pais» und Eigentum des unter den Sozialisten zum Medienmogul avancierten Jésus Polanco, von diesem Projekt ab. Prisa und Antena3 gründeten zu diesem Zweck die Firma Audiovisual Sport, welche durch das digitale, kodierte Fernsehen die Fussball-Übertragungsrechte fast monopolistisch halten sollte.

Die Regierung Aznar handelte umgehend. Hinter diesem Manöver glaubte sie Oppositionschef Felipe González und damit sozialistischen Einfluss zu erkennen. Die Rolle des katalanischen Ministerpräsidenten Pujol, der die Minderheitsregierung Aznar unterstützt, war dabei nicht ganz klar. In der Folge wurde fieberhaft nach politischen Lösungen und möglichen Allianzen gesucht. Schliesslich entschied sich Aznar dafür, die Rahmenbedingungen für die Vermarktung des digitalen Fernsehens klar zu definieren. Damit sollte die Vormachtstellung einzelner Gruppen verhindert werden. Die Regierung Aznar war sich dabei wohl bewusst, dass mächtige Medienkonglomerate politisch einen weitreichenden Einfluss haben. Dem zuständigen Minister, Rafael Arias-Salgado – dessen Bruder Fernando ist übrigens der jetzige Botschafter in Bern –, gelang es in einer brillanten Rede vor dem spanischen Parlament, sämtliche politische Parteien – Sozialisten ausgenommen – hinter seinem Dekret zu vereinen. Dabei wurde die Sozialistische Partei als Verteidigerin von Partikularinteressen blossgestellt. Der Minister führte minuziös auf, welche Vergünstigungen Prisa von der früheren Regierung González in dreizehn Jahren erhalten habe, und erläuterte anschliessend die technischen Details seiner Gesetzesvorlage. Die Schlacht um das digitale Fernsehen hat erst begonnen. Mit einem rauheren politischen Klima ist in den nächsten Monaten auf jeden Fall zu rechnen.

Aznar bleibt auf Kurs

(Kommentar vom 14. Mai 1997)

Vor einem Jahr hat der Konservative José María Aznar mit einem dünnen parlamentarischen Rückhalt sein Amt als neuer Regierungschef Spaniens angetreten. Sein Pakt mit den baskischen und katalanischen Nationalisten – der ihm die Mehrheit im Parlament verschaffte – wurde als unumgängliche Hypothek verstanden. Die politische Zukunft Aznars war mit einem Fragezeichen versehen, die Regierbarkeit Spaniens stand auf dem Spiel, und nicht wenige Spanier sprachen am Ende der über dreizehnjährigen sozialistischen Herrschaft von einer «Italianisierung» ihres Landes. Wenige trauten den Konservativen integrationistische Fähigkeiten zu. Linkspolitiker malten immer wieder das Bild einer erzkonservativen, unverbesserlichen und machthungrigen Rechten. Den Sozialisten fiel es schwer abzutreten, zumal sie die Wahlen nur knapp verloren hatten.

Nach einem Jahr konservativer Regierungstätigkeit fällt die Bilanz nun erfreulich positiv aus. Der politische Stil Aznars zeichnet sich durch Dialogbereitschaft und wirtschaftliche Effizienz aus. Der Regierungschef kommuniziert konstruktiv mit den parlamentarischen Partnern, aber auch mit den Gewerkschaften und den Arbeitgebern. Aznar ist eine echte Befriedung des politischen Alltags gelungen. Von historischer Bedeutung ist der soeben geschlossene Sozialpakt, der eine noch zurückhaltende, aber fundamentale Reform des Arbeitsmarkts vorsieht. Ausgerechnet einer konservativen Regierung gelingt nun – wenigstens ansatzweise – die jahrzehntelang tabuisierte Reform des Arbeitsmarkts. Sie ist Voraussetzung für die Schaffung neuer Arbeitsplätze. Es ist denn auch vorwiegend im wirtschaftlichen Bereich, in dem Aznars Politik fast spektakuläre Resultate gezeigt hat. Er und sein Wirtschaftsminister Rodrigo Rato haben es verstanden, eine Austeritätspolitik durchzusetzen, die sozial verträglich ist. Nach kurzer Zeit zeigen fast alle makroökonomischen Indikatoren Besserungen an: das Haushaltsdefizit, die Handelsbilanz, die Inflation, die Entwicklung der öffentlichen Verschuldung und das Niveau der Zinsen. Heute zweifeln nur noch wenige Ökonomen daran, dass Spanien an der Währungsunion von Anfang an teilnehmen wird – was vor einem Jahr noch unvorstellbar war. Der Staat wird gestrafft und auf ein vernünftiges Mass zurückgeführt; die Privatisierungswelle staatlicher Betriebe wurde Realität. Aznar ist auf gutem Kurs. Seine

Regierungsmannschaft wirkt nach diesen zwölf Monaten noch immer unverbraucht.

Zweifelsohne werden die nächsten Monate härter werden. Die sozialistische Opposition, die noch etwas ziellos operiert, wird vermutlich in eine härtere Gangart verfallen. Ex-Premier Felipe González wirkt in seiner neuen Rolle als Oppositionsführer etwas abgerückt, entfernt und hat offensichtlich seinen Stil noch nicht gefunden. Er ist viel auf Reisen, zuletzt in Mexiko, von wo er Aznar, die spanische Judikatur und die Presse mit bissigen Kommentaren bedachte. Der Regierungschef wird sich in nächster Zeit auch einem stärkeren Druck seiner nationalistischen Bündnispartner stellen müssen. Sie werden ihm ratenweise die Zeche für die politische Unterstützung präsentieren. Aber Aznar hat in kurzer Zeit bewiesen, dass eine andere Politik möglich ist und dass man mit ihm rechnen muss.

Politik und Volk

(Kommentar vom 4. September 1997)

Der Monat August ist sakrosankt: Millionen von Spaniern – allen voran die Regierung – ziehen los, um die Küsten oder die Meseta zu «erobern» und den wohlverdienten Urlaub in vollen Zügen zu geniessen. Über vierhundert Verkehrstote allein im Monat August bilden indes eine traurige und unverständliche Kehrseite dieser Ferieneuphorie.

Das Ende der langen Ferienzeit ist zumindest für einige Reflexionen über die Entwicklung des Landes gut. Dass es den Spaniern wirtschaftlich wieder besser geht, scheint das Konsumverhalten zu belegen. Das Bild dieses sommerlichen Spaniens ist geprägt von lange im voraus ausgebuchten Hotels, überfüllten Restaurants und unendlichen Autokarawanen. Von der Tourismusindustrie werden neue Rekorde gemeldet: Gegen 60 Mio. Urlauber werden 1997 Spanien besuchen! Bereits im Monat Juli hatten die Automobilverkäufe einen Höchststand erreicht. Hervorzuheben gilt es insbesondere, dass sich auch die Beschäftigungslage positiv entwickelt. Zweifelsohne hat die Regierung Aznar durch ihre Austeritätspolitik, welche die Grundlage für die Erfüllung der Maastricht-Kriterien bereitet hat, das Vertrauen geschaffen, das für einen soliden Wirtschaftsaufschwung notwendig ist. Der Konsum und eine vermehrte Investitionstätigkeit werden in diesem Jahr ein Wirtschaftswachstum von voraussichtlich rund 3% schaffen.

Nach fünf Jahren der Stagnation und der Orientierungslosigkeit deutet vieles darauf hin, dass Spanien wirtschaftlich, politisch, sozial Fortschritte macht. Auf der Habenseite kann die seit einem guten Jahr amtierende Regierung des Partido Popular verbuchen, dass sie zur Beruhigung des politischen Lebens beigetragen hat. So bringen die Bürger den Institutionen des Landes wieder mehr Vertrauen entgegen, und die Kluft zwischen Politik und Volk ist immerhin nicht grösser geworden.

Dass die zivile Gesellschaft in Spanien eine lebendige Kraft ist, wurde vor sechs Wochen eindrücklich unter Beweis gestellt: 6 Mio. Menschen gingen in allen Städten des Landes auf die Strasse, um gegen die baskische Terroristen-Organisation ETA zu demonstrieren. Dabei wandten sich die Bürger nicht nur gegen den feigen Mord am Lokalpolitiker Miguel Angel Blanco, sondern auch gegen jegliche politischen Manipulationen und insbesondere gegen überdrehte nationalistische Forderungen. Diesen Wink haben viele

Politiker verstanden – vor allem deshalb, weil sie Angst haben mussten, von dieser imposanten Volksbewegung politisch überrollt zu werden.

Das Volk spielte nicht zum ersten Mal in der jüngsten Geschichte Spaniens die Rolle eines politischen Korrektivs. Die Botschaft daraus ist offensichtlich: Politik darf nicht zu einer Folge sanktionierter Unwägbarkeiten degenerieren. Eine Politik, die dem Volkswillen immer weniger Rechnung trägt, die den Realitätsbezug verliert, gerät zur Farce. Gerade dies sollte man den Volksvertretern stets wiederholen, damit die politische Debatte nicht zur fruchtlosen Erwiderung von Standpunkten und Meinungen verkommt. Und da gibt es doch Zeichen der Hoffnung. Spürbar hat sich im vergangenen Jahr das politische Leben in Spanien normalisiert, die Institutionen des Landes funktionieren, und noch wichtiger: Die zivile Gesellschaft kommt voran. Das ist ein gutes Omen für die Zukunft.